论局

双循环的机遇与前景

刘元春　海闻　余永定　韩文高 等◎著

经济日报出版社

图书在版编目（C I P）数据

论局：双循环的机遇与前景 / 刘元春等著 . -- 北
京：经济日报出版社，2021.12
ISBN 978-7-5196-0733-3

Ⅰ.①论… Ⅱ.①刘… Ⅲ.①中国经济—经济发展—
研究 Ⅳ.① F124

中国版本图书馆 CIP 数据核字 (2020) 第 225873 号

论局——双循环的机遇与前景

作　　者	刘元春　海　闻　余永定　韩文高 等
策划编辑	郝　杰
责任编辑	黄芳芳
助理编辑	张　琦
责任校对	徐建华
出版发行	经济日报出版社
地　　址	北京市西城区白纸坊东街 2 号 A 座综合楼 710(邮政编码 :100054)
电　　话	010-63567684（总编室） 010-63584556（财经编辑部） 010-63567687（企业与企业家史编辑部） 010-63567683（经济与管理学术编辑部） 010-63538621 63567692（发行部）
网　　址	www.edpbook.com.cn
E - mail	edpbook@126.com
经　　销	全国新华书店
印　　刷	中国电影出版社印刷厂
开　　本	880mm×1230mm　1/32
印　　张	7
字　　数	110 千字
版　　次	2022 年 1 月第 1 版
印　　次	2022 年 1 月第 1 次印刷
书　　号	ISBN 978-7-5196-0733-3
定　　价	48.00 元

总 序

洞见中国经济发展的趋势与未来

谁都知道 2020 年是中国乃至世界经济最困难的一年，但 2021 年全世界依然过得并不容易，一边经济在恢复，一边仍受到疫情的侵扰。虽然世界经济确实在 2021 年出现了恢复性增长，但 2022 年以后世界经济到底是个什么样子，我们还不敢确定。毕竟国际货币基金组织在 2021 年最后一期《世界经济展望报告》中预测世界经济增长的同时给出两个警告：一是随着美联储和其他央行收回其在疫情期间提供的支持，全球股票价格和房屋价值面临骤降风险。二是受疫情影响，全球供应链关键环节中断且中断时间超预期，全球通胀上行风险加剧。在这种情况下，中国经济会怎样运行呢？

相比于其它国家，中国经济增长还是有确定性的，截止到我写序这一刻，我国 2021 年前三季度国民经济持续恢复发展，国内生产总值达到 823131 亿元，同比增长 9.8%。但是，我们仍然不能忽略“当前经济恢复不均衡、基础不稳固”这样一个基本事实，而且这个事实可能要持续一段时间。所以，我们现在“要用好稳增长压力较小的窗口期”进行科技创新和供给侧结构改革，“强化国家战略科技力量”“增强产业链供应链自主可控能力”“坚持扩大内需这个战略基点”“构建以国内大循环为主体、国内国际双循环相互促进的发展新格局”和“构建高水平社会主义市场经济体制，实行高水平对外开放”。

与此同时，我们不回避中国经济面临的内生性增长不够的问题，也不回避新冠疫情和中美关系等诸多严峻而复杂的外部因素对中国经济的拖累，而是客观地、立体地去探讨中国经济发展的确定性和不确定性，引导我们的政府、企业和个人正确地看待和判断中国经济发展趋势，既不要因为中国经济的确定性增长而忽略了自身不确定性的风险，也不要因为自身面临的困难而看淡了整个中国经济的前景，在不确定性中寻求自己的确定性是每个地方政府、每家企业和每个人的必修课，课程之一就是经济日报出版社出版的“中经丛书”。

“中经丛书”由经济日报社主管主办、经济日报出版社出版的《中国经济评论》杂志精心打造。作为一个重要经济评论阵地，《中国经济评论》自然要担当起思考先行者的角色。于是，这个在疫情之年逆势诞生的新杂志以杂而不杂、热点聚焦的主题评论方式呈现在读者面前。杂而不杂的“杂”体现在不同的经济学专家（包括权威官员）和不同的经济观点同时出现在同一期杂志中，形成“前沿观察”“中经智库”“趋势洞见”“环球视野”等栏目；“不杂”体现在无论哪一位专家或官员、无论哪一个栏目和观点都围绕一个经济热点或主题展开。于是，一个眼界更开阔、思考更纵深、评论更立体的畅读体验开始了。同时，也为我们今天出版的“中经丛书”奠定了基础。

因为每期《中国经济评论》杂志都聚焦一个经济热点问题，这便为独立成书提供了深邃的思想和完整的体系。于是，我们在“聚焦构建双循环”“聚焦资本市场”“聚焦科技创新”“聚焦近景远景”的基础上进一步拓展为“中经丛书”，先期推出的是《论局——双循环的机遇与挑战》《谋局——中国资本市场的变革与突围》《布局——中国科技创新的道路与抉择》和《新局——中国近期规划与远景目标》，后期还将结合供应链产业链、扩大内需和高水平的社会主义市场经济等紧扣经济前沿的深度作品。我们希望，通过继续加强媒体融合、书刊联来丰富我们的“中经丛书”。也让更多关心中国经济发展趋势和未来的有识之士们，能够多一个洞见中国经济发展趋势与未来的重要窗口。

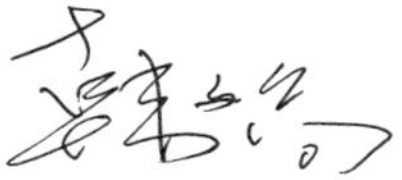

经济日报出版社社长

2021 年 11 月 15 日

序

从"双循环"出发重塑中国发展的新优势

经过 40 多年改革开放的光辉历程，中国取得了举世瞩目的成就。尤其是加入 WTO 之后的十年里，中国 GDP 连续超越意大利、法国、英国、德国和日本，站稳了世界第二经济大国的位置。国际金融中心（IFS）甚至预测，中国 GDP 将在 2028 年首次超越美国，成为全球第一。

很难想象，中国在 70 年时间里，创造了世所罕见的经济快速发展和社会长期稳定的"两大奇迹"。在北京大学国家发展研究院前院长周其仁教授看来，正是因为改革开放大幅度降低了中国经济的制度成本，才使这个有着悠久文明历史的最大的发展中国家，有机会成为全球增长最快的经济体。

在中国经济飞速发展的过程中，对内改革与对外开放的作用与意义，怎么强调都不为过。在推进制度建设、解决经济社会突出问题和抢抓发展战略机遇的导向下，对外开放是必然抉择。而如今，中国的对外开放正处于重要关口。中美贸易摩擦仍在斡旋，全球地缘政治噪音不断，以及抹黑中国的种种言行，都为行驶在快车道上的中国设置了重重路障。

那么，在这种背景之下，中国对外开放的巨轮是否需要改弦更张抑或调转航向？显然，答案绝非单一的向度。中国改革开放的大门不会关闭，中国经济这艘巨轮也不会一帆风顺，必然面对惊涛骇浪，在乘风破浪中前行。

中央强调的“以国内大循环为主体、国内国际双循环相互促进”的新发展格局，便是我们面对国内外新形势而做出的选择。因为这既是对“开放是国家繁荣发展的必由之路”的全新注脚，也是对“中国开放的大门越开越大”的创新践行。

一方面，中国产业链的韧性、消费回流的潜力以及对外开放的积极取向仍然支撑着中国成为外资及跨国企业的投资热土。

另一方面，中国更要坚守对外开放的本质，向优秀的国家、企业学习先进的技术、经验、模式，为中华民族的伟大复兴积蓄力量。

越是在遇到考验与挑战的时候，我们越要坚定对外开放的信心与决心，越要通过学习其他国家和地区的先进经验，来解决我们发展中遇到的问题。

“十四五”规划纲要中明确，我们所要构建的新发展格局决不是封闭的国内循环，而是开放的国内国际双循环。推动形成宏大顺畅的国内经济循环，就能更好吸引全球资源要素，既满足国内需求，又提升我国产业技术发展水平，形成参与国际经济合作和竞争新优势。

实际上，我们约请多位国内著名经济学者通过聚焦与解构“双循环”，继而对这一科学决策与指导思想进行深入分析与解读，初衷便是在理论与实践的多维层面探寻出一条构建新发展格局的的科学之路。

《论局——双循环的机遇与前景》一书也正是来源于此，相信通过本书的出版能够让更多关注中国经济前景与未来的有识之士，能够在更深更广的层面洞窥“双循环”，了解中国在国际合作与竞争中的优势劣势，从而在经济变革与转型中找到一条合作、希望和共赢的道路。

《中国经济评论》杂志主编

2021 年 11 月 11 日于北京陶然亭

目　录

第一章
双循环的战略深意

“内循环”是以满足国内人民美好生活需求为出发点和落脚点，以国内分工体系和产业体系为支撑，以“外循环”为补充，以生产、分配、流通、消费为载体的动态发展体系，新时代的内循环体系在本质上也是开放的，并随着世界经济格局、产业发展规律的变化而对开放提出了更高的要求。

双循环新格局是处理内外矛盾新变化的必然之举

2020 年 5 月 14 日中央政治局常委会议提出，“要深化供给侧结构性改革，充分发挥我国超大规模市场优势和内需潜力，构建国内国际双循环相互促进的新发展格局”。

2020 年 5 月 23 日和 7 月 21 日习近平总书记分别在全国政协分组讨论和与企业家会谈中对“加快形成以国内大循环为主体、国内国际双循环相互促进的新发展格局”进行了深入阐述。

2020 年 7 月 30 日中央政治局会议进一步提出“必须从持久战的角度加以认识，加快形成以国内大循环为主体、国内国际双循环相互促进的新发展格局，建立疫情防控和经济社会发展工作中长期协调机制，坚持结构调整的战略方向，更多依靠科技创新，完善宏观调控跨周期设计和调节，实现稳增长和防风险长期均衡”。

这一新论述不仅具有坚实的历史基础、理论基础和实践基础，更为重要的是它是党中央顺应时代要求所做出的战略深化和战略再定位，是我国步入高质量发展阶段、解决新时期面临的各种中长期问题的重要战略举措。

一、“双循环”新发展格局是对十三大以来逐步形成的“国内经济循环转向国际经济大循环”“以加入国际经济大循环促进国内市场化大循环”的出口导向发展战略的全面修正和总体调整

自 20 世纪 80 年代以来，中国成功抓住新一轮全球化的浪潮，成功制定了“依赖国际大循环开启国内市场化改革，构建内部市场化大循环”的外向型发展战略，取得了中国经济持续 40 年高速增长的奇迹。

但是随着全球化进程的变异和全球金融危机的爆发，这种外向型发展战略所依赖的世界经济发展模式、总体结构、治理体系和运行规律都发生了剧烈变化，依赖国际大循环的出口导向发展战略难以适应新格局、新模式和新使命的要求，开始呈现出种种弊端。

一是全球化红利的递减和分配模式的变化要求中国必须将经济发展的动能从“出口 - 投资驱动模式”转向“内需 - 创新模式”。

二是大国冲突带来的卡脖子问题要求中国技术发展必须从“引进 - 移植 - 模仿 - 消化”向自主创新模式转变。

三是“两头在外”贸易模式使中国难以摆脱全球价值链的

约束，存在陷入“比较优势低水平陷阱”之中的危险。

四是内部经济循环的不畅通、分割化和碎片化难以支撑国际竞争力的全面快速提升，进一步开放需要内循环的全力支持。

五是简单开放战略不仅难以肩负中国高质量发展的动力，反而成为中国经济循环的动荡源。大国崛起、民族复兴必然要求对这种战略进行调整。

必须明确的是，党和政府早就觉察到简单外向型发展战略存在的系统性问题，并对这些战略进行了持续修正。

早在 2006 年和 2011 年出台的“十一五”规划和“十二五”规划中，政府都明确了对于“两头在外”出口导向型发展战略进行全面修正，提出“立足扩大国内需求推动发展，把扩大国内需求特别是消费需求作为基本立足点，促使经济增长由主要依靠投资和出口拉动向消费与投资、内需与外需协调拉动转变”。

党的十八大以来，党中央根据新时期面临的新格局、新挑战、新规律和新使命进一步提出了修正出口导向发展战略的具体政策和发展思路。

2012 年中央经济工作会议果断提出要以“扩大内需、提高创新能力、促进经济发展方式转变”替代“简单纳入全球分工体系、扩大出口、加快投资”的传统模式。

2013 年提出的“新常态理论”要求对三期叠加面临的深

层次问题进行梳理。

2015 年提出新发展理念和供给侧结构性改革对于这些问题进行了全面的战略部署。

2016 年“十三五”规划进一步在指导思想中要求，“要准确把握战略机遇期内涵的深刻变化，更加有效地应对各种风险和挑战，继续集中力量把自己的事情办好，不断开拓发展新境界”。

2018 年中央经济工作会议在深化供给侧结构性改革的基础上提出，“畅通国民经济循环”“促进形成强大国内市场”。

2019 年政府工作报告将“畅通国民经济循环”“持续释放内需潜力”“促进形成强大国内市场”作为报告的关键词。

2019 年第五次中央财经委员会决定，要“坚持独立自主和开放合作相促进，打好产业基础高级化、产业链现代化的攻坚战”。

因此，也可以说，党中央在 2020 年提出“双循环新发展格局”是在过去 10 多年持续探索的基础上对过去各种政策构想和战略思维所进行的全面提升和进一步综合的产物。

这些政策和战略调整已经取得了十分良好的效果。

一是外贸依存度从 2006 年的 63% 下降到 2019 年的 33%, 下降了 30 个百分点。

二是贸易顺差从最高的 9.7% 下降到 2020 年以来的 2%-

3%。

三是加工贸易比重大幅度下降，劳动密集型产品占比大幅度下降、出口国集中度大幅度下降。

四是内需特别是消费在经济增长的贡献度大幅度提升。

五是国内技术创新成为出口竞争力提升的关键。

六是国内营商环境、创新环境以及市场秩序得到了前所未有的改善，说明新时期以来的战略调整和理论发展具有十分坚实的理论实践基础。

二、新冠肺炎疫情以及全球格局加速变革的形势下，全面启动“双循环新发展格局”时机成熟

在供给层面，中国已经建立了全世界最为齐全、规模最大的工业体系，是全世界唯一拥有联合国产业分类中全部工业门类的国家，我国产业相互配套，规模效应、范围效应以及学习效应开始在中国的产业体系中全面展现，产业链即使在封闭体系下也具有较好的自我循环能力。

同时，“中国制造”开始向“中国智造”和“中国创新”转变，我国各经济主体开始拥有基本的创新能力和创新动力，政府主导下的基础研究和技术赶超体系、大市场诱导下的商业创新体系为中国创新注入了自我创新的内生动力，各类专利申请量已经位居世界前列。

在需求层面上，中国拥有超大规模市场，不仅具有14亿世界最大的人口规模，更为重要的是具有4亿世界最大的中等收入人群，其消费品零售总额和进出口总额都位居世界前两位，并具有快速增长的潜力。外需和内需关系已经做出重大的调整。

在制度和机制层面，中国特色社会主义市场经济改革基本完成，市场在配置资源中起到了根本性作用，统一公平的全国大市场也在各类基础性改革、供给侧结构性改革和营商环境的改善等举措的作用下开始出现，国民经济在生产、分配、流通和消费等环节基本实现了畅通。利用国际经济大循环推动国内经济市场大循环的完善基本完成了其历史使命，相对稳定、相对独立、富有效率、良性互动的国内经济大循环已经成为中国经济的基本盘。

当前，党中央在取得疫情阻击战和经济复苏保卫战阶段性胜利之际，提出“加快形成以国内大循环为主体、国内国际双循环相互促进的新发展格局”，充分把握了化危为机、于乱局开新局，趁势而为的战略时点。这个特殊时点推出这个战略，不仅有利于形成转向“国内大循环”的战略共识；更为重要的是，疫情是一场超级演习，我们可以利用中国在全球疫情冲击下经济率先复苏的优势，利用快速复工复产，进行合理的国内经济大循环的清理和布局，大大节省了战略转换成本。

在世界经济出现大面积停摆的情况下，我国在疫情阻击战取得阶段胜利之后，经济得到了快速的自我复苏，这就说明我们有能实现以国内经济为主的供求自我循环的产业基础和市场基础。

三、“双循环”新发展格局是应对百年未有之大变局加速变化带来的各种新问题、处理国内主要矛盾新变化的必然之举

百年大变局的加速期所带来的不稳定性不确定性必然要求新发展理念全面增强“安全”的维度，使中国高质量发展在发展与安全统筹中行稳致远。

2019 年 1 月 21 日，习近平总书记在“坚持底线思维，着力防范化解重大风险”研讨班中强调，“当前，世界大变局加速深刻演变，全球动荡源和风险点增多，我国外部环境复杂严峻，我们要统筹国内国际两个大局、发展安全两件大事”“面对波谲云诡的国际形势、复杂敏感的周边环境、艰巨繁重的改革发展稳定任务，我们既要有防范风险的先手，也要有应对和化解风险挑战的高招；既要打好防范和抵御风险的有准备之战，也要打好化险为夷、转危为机的战略主动战。”“以国内大循环为主”的双循环发展新格局就是统筹

发展与安全的战略主动战。

2020 年 7 月 30 日，中央政治局会议进一步指出，“统筹发展和安全，必须把新发展理念贯穿发展全过程和各领域，实现更高质量、更有效率、更加公平、更可持续、更为安全的发展”，“实现发展规模、速度、质量、结构、效益、安全相统一”。

从人类历史大国崛起的经验来看，我们要构建安全、可控、富有弹性韧性的经济体系就必须以内为主，必须在动荡复杂的世界体系中建立稳固的基本盘。近几年凸显的卡脖子关键技术问题已经充分说明了一个要走创新驱动的大国无法在简单的比较优势分工格局之中解决其技术创新问题。

2018 年 5 月 28 日，习近平总书记在中国科学院第十九次院士大会上就着重指出，“实践反复告诉我们，关键核心技术是要不来、买不来、讨不来的。只有把关键核心技术掌握在自己手中，才能从根本上保障国家经济安全、国防安全和其他安全。”

为了满足当前和未来人民日益增长的美好生活需要，我们必须面对由于深层系不平衡不充分发展所衍生的各种问题，要有效解决这些问题我们必须以国内经济大循环为出发点和落脚点。

第一，我们要持续以供给侧结构性改革为主线，疏通国内经济大循环的断点和堵点。

第二，必须启动内需扩展战略，抓住“扩大内需这个战略基点”，解决目前世界各国面临的最为艰巨的需求不足问题。

第三，必须超越简单的供求，必须从制度层面、创新层面、市场经济再生产和扩大再生产为国内经济大循环寻找到持续、安全、高效、稳定的动力源和支撑面。

人类历史经验告诉我们，大国经济在全面崛起、创新布局和主导未来世界格局之际，没有强大的内部经济循环体系和基本盘，是难以形成不断改进的竞争力和驾驭全球资源配置的能力。

国内大循环的发展是未来国际大循环提升和顺畅的基础，是中国竞争力和价值链地位全面提升的关键，是摆脱简单开放带来的比较优势低水平闭锁定效应的关键，是建立安全高效经济体系的关键，构建“国内大循环”是供给侧结构性改革的深化和延续，是“十四五”期间各类工作开展的一个基本出发点和落脚点。

因此，我们必须正确认识双循环新发展格局的时代意义，旗帜鲜明地反对将“内循环”等同于“出口转内销”“内卷化”和“新时期的闭关锁国”，必须明确“内循环”是以满足国内人民美好生活需求为出发点和落脚点，以国内分工体系和产业体系为支撑，以国际循环为补充，以生产、分配、流通、消费为载体的动态发展体系，新时代的内循环体系在本质上也是开放的，并随着世界经济格局、产业发展规律的变化而对开放提出了更高的要求。

刘元春　中国人民大学副校长

逆全球化形势下，内外循环需相互促进

将自身的生产和消费作为经济发展的主要动力，并不意味着我们要放弃参与世界分工合作和推动经济全球化的努力。

近年来，经济全球化遭遇了前所未有的阻力，商品、服务、资本和各类资源的全球流动受阻，在这样的背景下，要坚持和加大市场导向的改革和开放，多方发力应对美国对华的遏制政策。

经济全球化的进程会终结吗

首先，我们来了解一下为什么会有经济全球化。推动经济全球化的主要力量是通过全球市场获得利益。市场越大，分工越细，交换越广泛，一国获利越多，经济就越发展。所以，全球化是各国追求经济发展的必然结果。

20 世纪末以来的 20 多年里，经济全球化达到了新的水平。推动这一次经济全球化高潮的主要动力是科技的发展，尤其在运输、通讯、金融等方面的技术突破，使得全球的分工合作变

得更加便利，成本更低，收益更大。中国的改革开放，苏联的解体和冷战的结束，打破了经济全球化的政治障碍。1995 年世贸组织的成立，又为经济全球化奠定了原则和制度基础。

然而，经济全球化的过程中也出现了获利和发展的不平衡，最明显的是中国的崛起和美国的相对衰落。近年来，除了各国的利益集团如发达国家的劳工组织和发展中国家缺乏竞争力的企业等传统反全球化势力外，美国的政治变化包括“美国优先”“中美脱钩”进一步推动了逆全球化的趋势。而新冠疫情的暴发不仅在客观上阻断了或者至少大大减少了各国之间的经济和社会交往，由此产生的民族主义也加强了反全球化的倾向。因此，从短期看，经济全球化进程的确严重受阻。

但是从长期看，经济全球化的利益依然存在，推动全球化进程的科学技术和市场力量依然存在。只要各国能够一起努力解决全球化中存在的问题，减缓矛盾和冲突，这一进程在调整后仍会继续而不会终结。不过，经济全球化能否在不远的将来重回发展轨道，很大程度上取决于各国的努力，包括中国改革开放的坚持和深入，美国孤立和强硬政策的改变，欧洲国家经济的复苏，以及国际组织包括 WTO 作用的发挥。

在这样一个背景下，中国不但不应退回到闭关锁国，而且要坚持和加大市场导向的改革和开放。这不仅因为我们从改革和开放中得到发展，作为一个历史悠久且负责任的大国，作为人类命运共同体的倡导和建设者，在当前逆全球化的形势下，我们更应在推动经济全球化、投资和贸易自由化方面发挥中流砥柱作用。中华民族的伟大复兴，不应只是中国的繁荣富强，也应是对世界进步和发展的推动。只有世界各国的共同发展，中华民族的崛起才能和平和顺利。

中国现阶段开放的特点

改革与开放是过去 40 多年推动中国经济增长的主要制度因素。一个经济体在发展过程中，从引进来到走出去，开放的模式也会经历不同的阶段。一个国家的对外开放模式跟自身经济的发展阶段有关。一个国家的经济发展大致分三个主要阶段：传统经济、经济起飞、现代经济。传统经济基本上是以农林牧副渔等第一产业为主，经济发展靠的是一国的自然资源。现代经济不完全依赖自然资源，经济的发展主要靠资本和科学技术。从传统经济到现代经济有一个突变的过程，称为“起飞”。在起飞阶段，一国的经济发展迅速，主要靠的是工业化和城镇化。在这个阶段，不但产业结构发生了变化，社会结构也会发生很大变化。

大多数国家在经济起飞前，基本的产业结构是以初级产品为主，劳动力成本也比较低。在这个阶段，这些国家主要靠发挥要素禀赋的比较优势，出口初级产品，进口工业制造品。这是典型的“产业间贸易”。

当一个国家进入经济起飞阶段后，随着工业化和城镇化的发展，制造业逐渐发展起来了，但技术水平等仍然跟发达国家存在很大差距，这个阶段的比较优势是制造业中的劳动力成本。因此，这个阶段的对外开放模式一般是吸引外商投资，发展并出口劳动密集型的制造品，同时需要进口技术或资本密集型的制造品和知识密集型的服务品。

等到经济起飞完成，进入现代经济或发达国家行列时，一国的产业结构基本以服务业和高端制造业为主，这个阶段的对外开放模式主要是：一方面通过规模经济的成本优势或技术领先优势向其他发达国家出口高端制造品和服务，同时也从其他发达国家进口缺乏成本或技术优势的高端制造品和服务，这种贸易模式称之为“产业内贸易”。另一方面也向发展中国家出口资本密集型制造品和服务，从发展中国家进口初级产品和劳动密集型的制造品。发达国家既向外投资，也吸引其他发达国家的投资。

过去 40 多年，中国经济经历了文革后的恢复、20 世纪 80 年代的改革开放、90 年代以来的起飞等，现在到了一个新的阶段。一方面，随着人民收入水平的提高，劳动力成本上升，中国的制造业不再具有劳动成本低的比较优势。另一方面，由于技术的发展和资本的积累，中国的制造业具有了规模经济，且在某些行业拥有技术领先优势。同时，人民对生活的需求也从解决温饱，到满足物质享受，到追求生活质量。而我们的服务业，尤其在医疗、教育、金融、法律、环境、产品品牌等方面，仍处在发展过程中，不能满足人民群众对美好生活的需求。正如中共十九大报告指出的，“在现阶段我国社会的主要矛盾是人民日益增长的美好生活需要和不平衡不充分的发展之间的矛盾”。因此，当社会主要矛盾发生变化时，中国的对外开放模式也势必要发生变化。社会发展到了中等收入阶段，我们的消费不仅仅是为了满足于生理的需求，而是对产品和服务的质量、品牌和多样性有了更高的要求。任何一个国家都不可能生产所有高质量的产品和服务，所以需要通过更大的开放来促进贸易和投资，来满足新阶段的需要。

如果说，过去40年，中国的对外开放主要是为了促进出口、发展产业、创造就业，那么，在中国经济发展的新阶段，我们对外开放的一个重要目的是满足人民对美好生活的需求和促进世界经济的发展。通过进一步降低贸易壁垒以进口提高人民生活质量的各种产品和服务，通过友好合作以促进中国资本走向世界。

如何理解双循环新发展格局

中央提出，我们必须集中力量办好自己的事，充分发挥国内超大规模市场优势，逐步形成以国内大循环为主体、国内国际双循环相互促进的新发展格局。这是应对当前国际政治经济形势制定的重要战略。这个战略的制定基于以下几个现实：

1. 新冠肺炎疫情的全球传播造成各国封闭，贸易骤降，供应链濒于断裂，经济全球化进程严重受阻。从目前的情况看，对疫情的控制还遥遥无期。

2. 新冠肺炎疫情的蔓延加剧了本来就有的逆全球化趋势，民粹主义、保护主义，以及为保经济安全而颇有市场的“自给自足”理论也越来越盛行。

3. 全球经济萎缩，经济下滑程度和复苏难度都远超 2008 年的国际金融危机。全球经济的恢复估计起码需要 4 年至 5 年。

4. 联合西方各国在全球范围遏制中国崛起，已成为美国两党共识，即使拜登就任，美国也会在较长的时间里执行这一政策。

5. 中国经济已经有一个较完整的产业链，人均收入已超过 10000 美元，进入中等水平，且人口众多，自成一个巨大市场。

在这样的情况下，中国不得不调整自己的发展战略，准备在相当长的一段时间里，把经济发展的动力主要放在自身的生产和消费上。作为一个进入中等发达国家行列的发展中大国，中国也具有这一得天独厚的优势，可以在一定的时期内通过国内的循环来推动经济的增长。

但是，这并不意味着我们准备放弃参与世界分工合作和推动经济全球化的努力。正如习近平总书记指出的那样，“以国内大循环为主体，绝不是关起门来封闭运行，而是通过发挥内需潜力，使国内市场和国际市场更好联通，更好利用国际国内两个市场、两种资源，实现更加强劲可持续的发展。从长远看，经济全球化仍是历史潮流，各国分工合作、互利共赢是长期趋势。我们要站在历史正确的一边，坚持深化改革、扩大开放，加强科技领域开放合作，推动建设开放型世界经济，推动构建人类命运共同体。”

对外开放下的中国企业走出去

近年来，中国企业走出国门，拓展国际市场，取得了不小的成绩。从入世后的 2002 年到 2018 年，中国对外直接投资年均增长速度高达 28%，全球占比由 0.4% 提升至 6.4%，排名由第 25 位攀升至第 3 位。这种惊人的增长速度，必定引起全球关注。

中国企业到外国投资，一方面给所在国创造就业机会，增加他们的 GDP，另一方面也对所在国的竞争对手甚至社会和文化带来挑战，利益集团的各种阻挠破坏也在所难免。

中国企业在外国尤其在发达国家的投资并购受阻的原因很多，包括对当地的法律、社会、文化等不够熟悉，在环保标准、生态评估和劳工权益等方面不合要求等。还有一个重要问题是中国的非市场经济地位和国有企业问题。所在国竞争对手会以“不公平竞争”为由要求政府阻止中国国有企业甚至民营企业进行投资并购。

当然，中兴、华为、TikTok 等涉及高科技、信息、传媒等敏感领域，已经不仅仅是竞争对手的利益问题了，而是政治方面的原因。尤其是美国政府，当他们感觉到中国正在科技领域赶上或超过美国时，必定使用各种手段进行打击压制。又碰上了特朗普这样一个毫无底线的总统，干涉就更加赤裸裸不加掩饰了。因此，像华为、TikTok、腾讯等企业在美国受到阻碍的深层次原因则是大国之间的全方位较量。

中国企业走向世界，是经济发展的必然趋势。企业要继续走出去，同时要不断总结经验教训，应对各种势力的阻挠和挑战。首先，企业必须了解和熟悉所在国家的政治、文化、法律等环境，要严格遵守法律法规，不要有任何侥幸心理。不要想当然地按照自己在国内的做法在国外行事。不注重这些虽然短期可能获利，也没人关注，但做大做强后一定会成为问题，一定会有竞争者千方百计地进行围堵。其次，必须考虑投资并购对所在国带来的利益，不仅仅是短期的或者是对某些集团的利益，而且对所在国长期可持续发展都要有利。同时，做好风险防范工作，遇到问题学会依据所在国的法律来保护自己。

另一方面，中国政府也要继续积极支持和保护中国企业的对外投资并购。除了出国前积极协助规范引导，在外遇到不公平待遇时帮助企业运用法律手段保护权益外，也要对外国企业对等开放中国市场，通过改善营商环境，保障外国企业在中国的合法权益，促进全球投资的自由和便利。

如何应对美国对华的遏制

美国政府对华实行强硬的遏制政策，来势汹汹，令人愤慨。在此我们先不讨论为什么会出现这种情况，为什么事情急转直下发展到这个地步，主要考虑如何应对。

首先，我们必须搞清楚情况。有两点值得关注：第一，美国两党在对华政策上空前一致，在舆论误导下，多数美国民众目前对华没有好感；第二，若要强迫选边站队，从政治经济制度和文化传统上，西方发达国家基本会站在美国一边。为此，我们也必须认识到两点：第一，美国对华的基本政策近期不会改变；第二，必须努力争取其他国家和美国人民对中国发展的了解和理解，避免发达国家对华“围猎”局面的出现。

面对美国政府的无理挑衅，我们在毫不退让的同时一定要做好两件事情：第一，做好自己的事。深入进行市场导向的经济体制改革和以法制为基础的政治改革，营造自由轻松的环境，充分调动人民群众创新创业的积极性，尤其要发挥知识分子、民营企业家、各级干部的积极性，达到中国内部的团结和统一。国内万众一心，国外再大的压力也能顶住。

第二，团结国际一切可以团结的力量，打破美国联合西方和其他国家对华压制的企图。进一步扩大开放，降低或消除贸易和投资壁垒，推动与一些国家的自由贸易谈判。实现与发达国家对等开放的原则，在商业活动中去政治化，改善在华外商营商环境。分清当前的主要矛盾和次要矛盾，在与其他国家的非原则问题上求同存异，搁置争议。这样做并非软弱，而是为了更好地改进自己，改善环境。提高中国的国际影响力，团结绝大多数，孤立少数美国政客，粉碎他们围猎中国的阴谋。

在未来的对外开放中，我们要特别注意两个方面。一个是对国际规则的遵守。如果觉得规则不合理，我们就通过程序去改变规则，但在改变之前，必须遵守。我们的企业政府，都要像参加奥运会一样，只有在给定的比赛规则下比别人做得更好，才能赢得别人的尊重，也有利于我们自己的长远发展。另一个是努力做到对等互利。中国已不再是 40 多年前的穷国弱国，我们的企业也已有足够的实力参与国际竞争，所以没有必要再继续维持许多保护政策。继续实行这些不对等的保护政策，其结果也会伤害我们的商品和企业走向国际。在对等的条件下竞争，可以让我们的企业更加强大，也不给别人指责中国的借口。

经过 40 多年的改革开放和发展，中国已经发生了天翻地覆的变化，我们的目标已不再是温饱和小康，而是要“走到世界舞台的中央”“推动构建人类命运共同体”。为此，我们的政策和行为也要有更高远的格局和更广阔的胸怀。唯有此，我们才能击败所有的敌人，赢得世界人民的尊重，实现中华民族伟大复兴的宏伟目标。

海　闻　北京大学汇丰商学院院长

第二章
内循环为主体≠重回闭关锁国

中国开放的大门不会关闭，只会越开越大。以国内大循环为主体，绝不是关起门来封闭运行，而是通过发挥内需潜力，使国内市场和国际市场更好联通，更好利用国际国内两个市场、两种资源，实现更加强劲可持续的发展。

把握对外开放的本质与重点

作为世界第二大经济体，中国的发展壮大引起了以美国为首的一些国家的担忧。一方面，美国在自我优先的思维之下，希望与中国依然保持着曾经的优势和差距，继续在世界范围内起着主导和引领的地位。另一方面，则希望通过封锁中国企业，限制中国发展的逆全球化的手段限制中国的进一步发展。

现在我国实物（不包括服务）的生产量和消费量已经是世界第一，这种情况下我们开放的战略必须要调整，从过去依靠两个市场——国内和国外市场，要转到未来更多地依赖国内市场。与此同时，我们必须紧紧抓住国际市场，国际市场未来是我们提高质量、参与国际竞争、学习国际上很多好企业经验的战场。所以，利用好国际市场的任务跟以前不一样，现在主要是为了质，而不是量，量在国内。国内市场的扩大是提升量，参与国际竞争、对外开放是提升质，这两个都要有，但是任务有所不同。

中国开放的大门不会关上

现在很多国家对我们很提防，这表明中国企业的竞争力在提高。这种情况下，只有坚持开放才能让我国企业不断地参与国际竞争，学习到国外最先进的技术和经验。而且开放可能不仅仅是吸引外资等，还要学习国外的学术和技术理念。未来的开放可能是技术层面、学术层面、理念层面的开放，不仅仅是经济层面的开放，前者的开放变得更重要了。未来国外市场对中国经济的贡献按比重算越来越不重要了，但是通过跟国外的学术交流、科技交流，通过与国外同行的交流与竞争，仍然保持中国经济不断转型升级的动力。对外开放本质上是学习，中国向其他国家学习的动力不仅不能够减少，反而应该加强。

企业受阻的应对之策

从中兴、华为到 TikTok，我国在对外开放中有一些行业、领域在“引进来、走出去”的过程中受阻，华为、TikTok 等都是各自行业的领先企业，相关国家对中国这些领先的企业不放心，这涉及深层次的意识形态、政治体制方面的怀疑。

他们总觉得中国的政治体制和意识形态会改变他们，所以现在这个世界反过来了，发达国家担心我们会改变他们，而不是 40 年前我们担心资本主义国家改变我们。我们现在是开放的，对方是胆小的，所以这是深层次问题。他们害怕我们的华为和抖音，这是很荒唐的，和二三十年前我们不敢接触外国人一样。

这种情况要分两步走，第一，对发达国家不能硬着来，要不断地做解释工作，比如华为、TikTok 等企业到其他国家，就接受当地的全面监管，配合当地检查内容，如果认为企业出问题了，可以随时来检查。对发达国家我们要心态开放、运营开放。第二，尽量去发展第三方国家，如非洲以及其他一些新兴市场国家，比如华为在非洲是可以发展的。所以分两步走，对发达国家就慢慢做解释工作，对于新兴市场国家就继续前进。

“双循环”相互促进的新发展格局

2020 年 7 月 21 日，习近平总书记主持召开企业家座谈会时强调，我们必须集中力量办好自己的事，充分发挥国内超大规模市场优势，逐步形成以国内大循环为主体、国内国际双循环相互促进的新发展格局。习近平总书记的这番话基于一些基本的判断，第一，未来若干年，发达国家经历了金融危机和疫情这两轮的冲击后，它们的经济很难快速恢复，所以我们指望发达国家乃至整个世界经济来支撑我们的发展是很难的。第二，这些发达国家越来越走向反全球化，至少是局部的贸易保护主义，所以它们对来自中国的企业和产品将会推行越来越多的限制。基于这两个判断，总书记的意思是我们得靠自己，我们要把自己的事情做好。我们要做好自己的事情，并不等于说我们不向国外学习先进的经验，相反我们应该更加积极、努力地学习国外宝贵的经济、管理、技术方面的经验。

避免外对开放“卡脖子”

持续的对外开放可能引发对外依存度过高，现在中国的对外依赖，主要是三个方面，第一是粮食，粮食的问题不太大，粮食方面我们依赖进口的主要是大豆，这个不用太担心，因为我们的进口市场还是比较多元化，有巴西、美国、加拿大等国家。另外我国也有生产能力，如果一旦发现半年之内有人要“卡脖子”，我们提前半年就可以种植出来。所以只要我国保持基本的粮食总量，粮食问题就不用太担心。

第二是芯片，芯片的问题正在改变，现在我国每年进口额最大的就是芯片，一年大概6000亿美元，这是过去由比较优势、劳动分工所形成的，因为日本、韩国生产的芯片比咱们便宜。

但是现在我们碰到“卡脖子”，美国人很可能无理要求这些国家不给我们生产芯片，所以此时此刻中国经济正在加班加点地投资于一些芯片企业，我们对进口芯片的依赖度肯定会下降，这是没问题的。

第三个问题比较严重，即原油和天然气，我国 65% 左右的原油和天然气需要进口，确实对外依赖度很高。短期内只能是做好各种预案，万一有运输线出现问题，我们必须全方位通过经贸、外交等各种手段去确保供给，必须做好预案、做好准备。中期，进口应该多元化，不能只来自某一个地区。长期，能源上游一定得改变，这是长期任务，比如电气化。我国的汽油大概有一半用于汽车，通过风电、光电、水电、煤电一步步把汽车电气化，来减少对原油和天然气的依赖，这需要很长时间，可能要 10 年、20 年才能完成。总的来讲，粮食虽然重要、但是现在有解，芯片现在有问题、但是中期有解，最困难的是原油，这得靠中国国力，原油是未来一个比较脆弱的地方。

与大国关系维稳

开放过程中应该全方位地推进和大国的关系。过去经贸是压舱石，现在不能只谈经贸，应该把经贸和其他事情放在一块儿讲，比如对于主要西方国家，一定要讲清楚一个道理，就是中国强大以后，绝对不会像西方国家那样去到处扩张自己的势力，中国绝不是前苏联，绝对没有意识形态上任何秘密的计划，绝对不像过去那样输出革命。这些道理如果不讲清楚，经贸合作永远有“疙瘩”，双方应该在战略层面加强对话，彻彻底底地让这些国家能够理解中国的长远发展战略，一定让他们放心，中国不是一个威胁型、扩张型的国家。

对外开放的注意事项

贸易方面，现在主要是注重质而不是量，通过保持对外开放，我们能够参与国际竞争、提升经济。

市场方面，开放的目的也是为了提升我们国家的竞争力，通过开放市场、引进国际竞争，进而反向促进我国的企业不断地前进，而不是关起门来自己垄断自己的市场，那样我们的企业也很难有进一步的发展，也很难有真正的国际竞争力，也很难进一步提升质量。

技术方面，主要的开放是学习，通过开放进一步学习。

货币方面，现在最关键是要保持稳定，既不要快速地升值也不要快速地贬值，保持货币的稳定现在是当务之急，因为国际形势非常复杂，一旦出现任何复杂的波动都会影响货币的稳定。

金融方面，关键是稳定，对外开放过程中要保持自己的稳定，绝对不允许大进大出，扰乱我们的市场秩序。

李稻葵　清华大学中国经济思想与实践研究院院长

▶ 未来开放之路：全面改革 + 文明转型

“开放带来进步，封闭必然落后”“我们改革的脚步不会停滞，开放的大门只会越开越大”……2018 年以来，中国领导人在国际国内场合多次重申中国扩大开放的决心和诚意。

2020 年，突如其来的新冠肺炎疫情全球蔓延，风云变幻的中美关系急转直下，给中国的开放合作带来更多不确定、不稳定因素，也对中国扩大开放的未来提出严峻挑战。然而，即便如此，5 月 15 日，中央政治局会议仍强调：要推进更高水平对外开放，稳住外贸外资基本盘。所有这些，无不展现出中国坚定不移走扩大开放道路的决心。

然而，局势已变，且是“百年未有之大变局”，可谓“形势逼人、挑战逼人、使命逼人”。中国在新的形势下，要继续开放，面临着诸多挑战，需要极大的决心和勇气，更需要明确未来的主导方向以及有效方略。

一、中国对外开放环境最大的变化在哪里？

从宏观经济学的角度，我经常会强调一句话：“形势比人强”。意思就是，人的能力终归有限，大的外部环境、发展机遇、发展阶段、经济周期往往决定了一个国家发展的最大可能性边界，诚所谓“时来天地皆同力，运去英雄不自由”，故智者、为政者皆不可不察。众所周知，中国过去这些年的高速发展，正是建立在邓小平同志所判断的“和平与发展”的外部大好环境基础上、牢牢抓住了发展的战略机遇期的结果。中国是过去这一轮全球化的最大受益者，中国的经济起飞与成长主要借势于全球化所带来的全球分工与交易。而现在，我们必须客观地看到，中国对外开放的外部环境已经发生了重大甚至根本变化，其中最重要的是“三大历史性变化”：全球化进程的历史性逆转；中美关系的历史性变化；新冠病毒的历史性冲击。

当前，全球化看起来正在退潮。联合国 2019 年数据显示，2018 年全球海外直接投资余额比上年减少 4%, 时隔 10 年出现减少。同时撤回投资的情况增加，且 2019 年仍呈现同样趋势。英国外国直接投资市场研究公司的统计数据显示，企业的投资项目（不含并购）自 2018 年上半年后连续两个半年度出现减少，2019 年 1 月至 6 月为 6243 件，创 2009 年下半年以来的最低水平。

实际上，全球化以另一种形式正在涨潮，美国所提出的“零关税、零非关税壁垒、零补贴、零知识产权侵犯”让人们清晰地看到，未来更加规范、更加高质、更加高速，犹如“全球化高铁”时代的到来。

当前的大趋势，并不是反全球化，更不是逆全球化，我们今天的世界，最重大的趋势就是：“全球化升级版”将闪亮登场，按“三观”重组群、再出发！

“不审势则宽严皆误”，历史进退、俯仰、转换之间，唯“识时务者为俊杰”！中国未来的开放战略首先要懂得、理解、拥抱以及应对这一巨变。另外，在对外开放过程中，以美国为首的西方国家纷纷掣肘中国，中国正面临前所未有的开放阻力和贸易环境。

中美关系始终是中国外交工作的重中之重，也是中国外交关系之纲，纲举目张。习近平表示，“中美两国关系好，不仅对两国和两国人民有利，对世界也有利。我们有一千条理由把中美关系搞好，没有一条理由把中美关系搞坏。”

全球化就蕴育于中美“浪漫的蜜月”时期，成就于中美“夫妻关系”的基础上。但过去几年以来，中美关系不断交恶，现已陷入 1978 年以来的最低点。

书生经济学家尤其是自由派经济学家倾向于从亚当 · 斯密分工与交易的自由市场思想去看待国家间的经贸合作，从而形成“重商主义 + 全球化”的国际关系思维模式。在其看来，国家间的经贸合作应该较少甚至不受国家意志的介入，基本上是经济全球化自然、必然的结果。然而，国际关系的现实比这复杂多了，“从国际关系理论看，把经济相互依赖看成国家实现外交目标手段的著作并不鲜见（宋国友，2007）”。

比如，美国是否要给予中国最惠国待遇（MFN）？按自由主义的市场解释，美国就应当无条件地给予中国 MFN。然而，这问题恰恰是 20 世纪整个 90 年代困扰中美关系发展的最大问题。又比如，美国是否给予中国永久性正常贸易关系（PNTR）？按标准国际贸易理论，中国入世不仅有利于中国经济，亦有利于美国和世界，何乐而不为哉？然而，这个问题事实上由于政治因素的考量而一波三折（宋国友，2007）。

所以，必须历史、现实、复杂地看问题，中美经济过去这些年相互依存关系的产生，关键还在于美国的对华战略以及中美关系，绝不能简单套用“自由主义”+“市场经济”的思维。中美有政治信任，中美才有经济合作；中美若政治对抗，则经济合作必走向死胡同。

即便中美关系正常化后，美国是否支持中国融入其领导的全球自由市场经济体系，仍经历了长久争论。但最终，“对华接触派”胜出。美国前总统克林顿在说服国会给予中国 PNTR 的信中就表示，让中国加入世贸组织有利于促进“美国安全与中国改革的根本利益；通过把中国融入太平洋和全球经济，将会增加中国在和平和稳定方面的利益；在中国内部，也有助于发展法治”，这成就了中美关系的不断升温。

“对华接触派”们评价中美经济关系，首先也还不是考虑双边经济的互补互利因素，而是以政治及双边信任关系目标的实现为衡量标准。“对华接触派”们相信：接触战略通过推动中国经济的改革开放，能够激起中国国内的政治自由化、法治改革以及媒体开放，进而促进中国的政治制度改变，就像日本以及四小龙一样，最终让中国变成和美国一样的国家。

然而，在 2015 年的新一轮中美关系的盘点与讨论中，“对华接触派”成了被笑话和清算的对象，美国智库形成了新的共识：中国并没有兑现当初加入 WTO 的承诺；而且中国根本没有诚意想要成为这样一个国家。

2016 年 12 月 12 日是中国加入世贸组织 15 周年，中国原本期待在这一天成为 WTO。协定下的“市场经济”国家，美欧日从此终止在反倾销中使用“替代国”价格的做法。结果却是，美欧日等西方大国拒绝承认中国是市场经济国家。可以说，中美贸易战以及双方交恶的导火索，在这一天就已经埋下了。

2017 年，强调“美国第一”的特朗普总统上任，中美关系开始历史大转向。2017 年 12 月，特朗普政府发表《国家安全战略报告》，首提中国是美国的“战略竞争对手”；2018年，中美贸易战正式爆发，同时美国国防部等部门发表针对于中国的《国防战略报告》《核态势评估报告》《国防授权法案》(2018-2020)；2019年，中美贸易战继续深化，双方关系变得更加紧张。

2020年1月15日，中美贸易谈判签署了第一阶段协议。

不同于许多论者的批评，我对这一协议予以肯定评价。这其实是一个双方皆大欢喜的双赢协议：美国赢了面子，中国赢了里子；美国赢了战术，中国赢了战略；若按此协议往前走，美国将受益于中国的“买买买(产品进口)”以及“进进进(金融准入)”，中国则将克服强大利益集团的阻力，展开新一轮“结构性改革”，从而将改革开放推向新阶段，难道不是皆大欢喜？

冷静观察，美国从“拥抱熊猫”到视中国为“战略竞争对手”，虽然从“合作为主”进入到“拼体力”的比赛，有时双方亦不免火花四溅，但还算有惊无险，而作为爱好和平的人们，自有乐观其成的道理。

只是“人算不如天算”。2020年1月15日，中美贸易协议的墨迹未干，武汉新冠肺炎的疫情就已发作，不到10天武汉即宣布封城。1月30日，全球20个国家出现确诊病例；1个月后，中国疫情演变成全球疫情；再过一个月，美利坚沦陷，到今天生命和财产损失双双均超过世界大战，这一下子中美的

“梁子”结深了。

本来，病毒的出现，堪称中美双方关系修复的战略契机，因为病毒如同法西斯，需要全人类共同应对，更需中美两大国通力合作，共同“战病毒”。不曾想，一场始料未及的以甩锅为主导的“外交风波”横空而来，不仅消灭了这一中美重建战略信任的天赐良机，更将双方从本应有的“战病毒”带入到不应有的“病毒战”的漩涡，中美关系一时电闪雷鸣。

2020 年 5 月 19 日，白宫发布《美国对中华人民共和国的战略方针》(United States Strategic Approach to The People’s Republic of China)，宣称：自 1979 年与中国建交以来，美国在对华策略上一直是“抱有希望的”，美方希望通过接触交往，能使中国“经济开放”和“政治开放”；然而 40 年后的今天，美方认为自己并未如愿，恰恰相反，美国认为中国正在试图重塑有利于自己的国际秩序；美国由此重申两大战略目标：一是提高与各组织机构、盟友和合作伙伴之间关系的弹性；二是“迫使中国停止或减少损害美国利益的行为”。

专家分析，这标志着特朗普政府终于决定与北京全面摊牌，将采取公开施压战略，遏制中国在经济、军事、政治等多个领域的扩张。

电闪雷鸣之下，更来狂风海啸。2020 年 5 月 21 日，中国人大宣布将审议《香港国安法》，中美双方随即因香港问题进入全面博弈。

美国断然宣布取消香港自贸区地位，香港不再获保证享有主权回归前美国所赋予的特殊待遇，还施以定点官员制裁……

时任美国国务卿蓬佩奥继而发表演说，挑明“不是我改变你，就是你改变我”“有你没我，有我没你”之类的战略不信任关系；同时，对中国提出“不信任，还要核查”的作法，这比美国前总统里根当年在冷战时期对苏联的“信任，但要核查”更加强硬。

双方“数字脱钩”进程迅速加快：蓬佩奥宣布“净网行动”，专门针对中国实施“五个清洁”：清洁运营商（限制使用中国的电信运营商在美国的电信服务授权）；清洁商店（下架美国应用商店里的中国 App）；清洁应用（限制中国手机下载美国软件）；清洁云储存（限制通过中国云储存公司储存美国个人和企业的敏感信息）；清洁电缆（限制中国技术公司提供美国电缆服务）。

由此，中美关系不仅终止了“对华接触”的浪漫期，更从相对和平的“拼体力”阶段，迅速滑向擦枪走火的“拼刺刀”阶段。南海、台海、科技、金融、经济、宗教、意识形态、地缘政治均成为双方角力的可能战场。历史的巨轮行过“中美接触”+中国改革开放之黄金年代，中美贸易战+中美“战略竞争”之摩擦时代，现正恐怖地驶向中美全面对抗+长期冷战的至暗时代。

美国著名中国问题专家沈大伟提出，中美之间已进入“冷战”，因此不要再讳言“冷战”，而是应该接受“冷战”并去适应它，但是要对它进行限制；既然回到“合作”与“接触”框架已是幻想，那现在就是双方将关系重新构建为“管理全面竞争”的时候了；建立“墙”和稳定机制非常重要；双方应该仔细地重新审视冷战的教训和手段，并在适当的时候借鉴。

习近平总书记对中央政治局也坦承，“不确定和不稳定的因素”正日益成为威胁。然而，中国官方显然表现得更加积极有为。最近一个阶段，从王毅到华春莹，再到杨洁篪，纷纷表达了“拒拆脱钩”“坚持对话”的立场。王毅申明：“中方始终愿本着不冲突不对抗、相互尊重、合作共赢精神，与美方共同构建一个协调、合作、稳定的中美关系”，让全世界爱好和平的人们看到一线希望。

二、中国的对外开放会面临怎样的挑战?

中国对外开放的挑战既有全球化的挑战，也有中美关系的挑战，但机遇也是存在的，并且是巨大的。最大的机遇有三:

一是中国在全球产业链与供应链中的优势；二是中国的市场吸引力；三是市场化改革带来营商环境的改善和提升。

1. 中国将继续处在全球产业链的重要位置

中国美国商会于 2020 年发布的一期《美国企业在中国》白皮书显示，中国不仅是全球重要的生产基地和消费市场，也是重要的研发基地和产业枢纽，在全球产业链、供应链中占据重要地位，中国不断改善的营商环境成为吸引美国企业投资中国的巨大“磁石”。

“中国将继续处在全球产业链的重要位置，其他任何地方都无法替代。”波罗的海国际航运公会首席航运分析师彼得 · 桑得表示，中国建立了一个庞大的物流生态系统，促进全球贸易稳定运转。比如，中国拥有世界十大港口中的7个。其中，上海港作为在货物吞吐量方面遥遥领先的港口，每年处理的集装箱数量几乎是美国洛杉矶港和长滩港总和的3倍。

中国美国商会总裁毕艾伦对《人民日报》记者表示，尽管一些企业的供应链仍面临财务和运营方面的挑战，但很少有公司表示正准备“将转移业务或外包作为其中国战略的一部分”。毕艾伦预计，企业将采用“中国 +T”战略，在利用中国市场机遇的同时，分散供应链风险，但不会改变整个供应链生态。

2. 中国超大市场规模的磁石般的吸引力

一系列数据表明，随着消费规模持续扩张，中国将有望成为全球第一大消费市场。据有关估计，2018 年中美消费规模差距已经缩小到 2800 亿美元，中国消费规模相当于美国的 95.36%，因此中国在 2020 年就能成为世界第一大消费市场。

市场研究公司 eMarketer 的数据则更加积极：2019 年中国的零售市场规模预计将增长 7.5%，达到 5.636 万亿美元，而美国增长率为 3.3%, 为 5.529 万亿美元，这意味着 2019 年中国的零售市场规模已比美国整整多出 1000 亿美元。

“中国取得疫情防控战略性成果后，走在了全球经济复苏曲线的前面（毕艾伦，2020）”。根据中国美国商会、上海美国商会与普华永道中国 3 月的联合调查数据，近 70% 的受访者预测其在华供应链业务将于 3 个月内恢复正常；96% 的受访者预测其在华业务将于 3 到 6 个月内回归常态。

中国美国商会 2020 年 4 月的调查数据还显示，随着中国加快推进复工复产，42% 的受访在华美企表示已经恢复正常运转，13% 来自技术行业的公司预测中国市场将有所增长。另据波士顿咨询的分析数据，2016 年 -2021 年中国的消费增长量将达到 1.8 万亿美元，这个增量相当于 2021 年英国的消费市场规模；也就是说，中国 5 年的消费增量相当于一个英国的消费总量。

尽管受到新冠肺炎疫情全球蔓延的影响，多数美国企业依然看好中国市场，认为中国市场值得长期、战略性投入。中国经济长期向好的基本面没有改变，随着营商环境的不断优化，中国“磁场”魅力只增不减。

3. 市场化改革带来中国营商环境的改善和提升

《美国企业在中国》白皮书显示，多数美国企业认为，中国国内消费和日益庞大且富裕的中等收入群体崛起带来的增长是它们发展的最大机遇，持续性经济和市场改革是第二大机遇。

中国政府承诺 2020 年将进一步开放多个市场领域。《美国企业在中国》白皮书表示，50% 的服务领域受访美企认为，“中国企业全球化和对外投资增多”将带来巨大市场机遇。

《美国企业在中国》白皮书指出，中国的知识产权保护的力度正在不断加大。调查数据显示，2019 年，69% 的受访美国企业称中国知识产权保护力度正在加大。报告认为，这得益于中国政府通过立法改善知识产权保护体系，设立知识产权争端解决机制和惩罚性赔偿机制等措施。

“《外商投资法》中多次明确在许可、标准制定、政府采购等关键领域平等对待在华外商投资企业，这表明中国致力于认真解决在华外资企业面临的长期挑战。”中国美国商会主席葛国瑞表示，《外商投资法》中特别加入保护外商投资企业知识产权的条款，以确保其知识产权在标准制定中享有同等待遇，这是非常积极的进展。

三、中国怎样才能够实现对外开放的大门越开越大？

中国目前显然处在一个机遇与风险并存的关键历史时刻；稍有不慎，就会误入历史弯路，但走得好，也有可能在充满挑战的形势下走出一条突破的新路来。

中国当初的改革开放战略更多来自开放带动改革、沿海带动内地。可以说，没有开放，也就不会有改革。开放如同参加奥林匹克运动会，改革则如同围绕着参加奥运会选择和训练运动员。中国过去的开放之路就是这么一步步走过来的。

但时过境迁，当前的国际环境已经发生变化，中美关系也已经发生变化；与此同时，中国自身的条件和环境也已经发生变化，在这种情况下，中国主动改革、主动开放；以改革带动开放，以“全面改革 + 文明转型”引领中国进入更高水平的对外开放，进而推动形成全面开放，这应该是中国当下的必然选择、必由之路，也是唯一的兴旺之路、复兴之路。

中国要这样做，对内要避免民粹主义的误导，对外则要坚决避免和美国对抗、和世界脱钩，因为那将是一条歧路、一条死路。

须知，中国的改革不是一般意义上的改革，而是传统文明向现代文明的转型。我们应该在中西文明融合的基础上建构“新中华文明”，完成现代文明转型。而中美交恶、全球化逆浪正令这一伟大历史使命面临严峻考验，中国现代化进程亦面临严重挑战。因此，必须避开战略迷雾，认清形势的严峻性，清醒反思，作出正确的战略应对，锐意改革开放，以赢得“天时”、赢得未来，不负历史和未来。

中国今天面临“百年未有之大变局”的挑战，然而中国传统文明与现代西方文明的撞击，乃是“三千年未有之大变局（李鸿章）”。而出路只有一条：就是突破自我、不断开放，实现中西文明也即传统中华文明与西方工业文明、科技文明、市场文明、法治文明的全面融合，进而形成现代意义上的“新中华文明”。显然，这是空前的历史大工程，也是一个最艰难的文明转型，不仅在中国，就是在全球，也都是前无古人的大业。

今天的中国，在经历无数失败后，终于走到了成功的前沿。今天的中国，比任何时刻都更加接近民族复兴、大国崛起以及文明转型的完成，但也比任何时候都更痛苦地进入到困难时期，经济改革、政府改革、依法治国等几乎各个方面都面临巨大的难阻。值此“历史三峡”闯关之时，形势逼人，内忧外患，中华民族只有一条路：就是全面改革，全新开放，全力闯过去！

唯有继续改革开放，推动中华文明不断升级，与世界文明交流互建，往前走而不是往后退，才是化危机为机遇的正确方向！

我主张中国锐意在国内推动十九届三中全会提出的全面改革，打造现代法治国家以及现代国家新治理，同时主动和他国共同构建“零关税、零非关税壁垒、零补贴、零知识产权侵犯”之“40俱乐部”或者说自由贸易区，化被动为主动、以改革促开放。

我还相信：中国和美国之间永远存在着一种希望，就是在现代文明的平台上，在对文明更高追求上，形成“文明的对话”，继而形成“文明的携手”“文明的共治”。

赵 晓 原国家国务院国资委宏观战略部部长、宏观经济学家

以国内大循环为主体，绝不是关起门来封闭运行

眼下，国内大循环无疑成为中国经济领域的一个大热点，无论学界还是企业界都在解读、理解并实践中央的这一重大决策，但是我们不能顾左而失右，片面解读“国内大循环”，把中国企业甚至中国经济引导到封闭运行的道路上，一定要记住习近平总书记的另两句话，“中国开放的大门不会关闭，只会越开越大！”“以国内大循环为主体，绝不是关起门来封闭运行。”

一、要正确认识“国内大循环”提出的背景

2020 年 7 月 30 日，中央政治局召开会议，在分析研究当前经济形势，部署下半年经济工作时，正式提出“加快形成以国内大循环为主体、国内国际双循环相互促进的新发展格局”，让我们“牢牢把握扩大内需这个战略基点”。但是，我们一定要注意不要把国内大循环简单地理解为“自力更生，艰苦奋斗”，我们早期提出“自力更生，艰苦奋斗”时，是我们

没有东西，要把它生产出来；中央现在提出“国内大循环”，是我们生产的东西太多了，要把它消费出去。当然，这先后两个战略的提出都因为遇到了类似于“自然灾害”或被“围追堵截”的困难，所以我们要“加快形成以国内大循环为主体”是有其客观原因的。应该说，加快形成以国内大循环为主体是不得已而为之，或者说是适应变局而为之，这一点习近平总书记在 2020 年 7 月 21 日企业家座谈会上已经讲得很清楚，“我们要逐步形成以国内大循环为主体、国内国际双循环相互促进的新发展格局。主要考虑是：当今世界正经历百年未有之大变局，新一轮科技革命和产业变革蓬勃兴起。以前，在经济全球化深入发展的外部环境下，市场和资源‘两头在外’对我国快速发展发挥了重要作用。在当前保护主义上升、世界经济低迷、全球市场萎缩的外部环境下，我们必须充分发挥国内超大规模市场优势，通过繁荣国内经济、畅通国内大循环为我国经济发展增添动力，带动世界经济复苏。”

我认为我们面临的世界变局或提出“国内大循环为主体”的背景主要有三：首先是全球疫情的继续蔓延使得全球需求萎缩，中国企业的国际订单明显减少。可中国企业生产能力巨大，只能想办法启动自己的超大规模市场消化一部分产能。第二是中美关系的日益复杂造成对美出口的麻烦。本来前期的贸易摩擦和中美第一阶段经贸协议就给我们的出口蒙上冷意，目前愈演愈烈的美国对中国的非关税贸易壁垒更使我们的出口雪上加霜，毕竟美国是我国的第三大贸易伙伴（中美贸易摩擦之前曾是我国第二大贸易伙伴）。第三是中国第一大贸易伙伴欧盟也出现了问题。除了疫情造成的欧盟国家内需趋弱外，美国制裁或限制中国的政策也在影响欧盟，欧盟一些国家也采取了一些对我们出口或企业走出去不利的措施，导致我们对欧盟或欧元区的出口承压。第四是第二大贸易伙伴东盟存在变数。原因一：受国际产业链向东南亚国家转移，有些商品，过去我们是出口国，现在他们是出口国，可能影响我们的出口；原因二：受南海问题的影响，一些与中国有领海争端的东盟国家可能在美国的唆使或支持下与中国发生摩擦，进而影响中国与东盟各国的贸易。可是，我们与这三大贸易伙伴的外贸占了我们全部外贸的绝大部分，外贸盈余或贸易顺差也主要发生在这三个板块。

既然国际环境发生了如此大的变化，“加快形成以国内大循环为主体、国内国际双循环相互促进的新发展格局”自然就被提上议事日程。毫无疑问，如果我们能“充分发挥国内超大规模市场优势”，让“国内大循环”循环起来，便可以大大化解我们过剩的生产能力，化解中国企业面临的出口难题。毕竟我们国家很大，大到如同整个欧洲，每个省区都如同欧洲的一个国家，再加上我国地区间的发展不平衡，这是我们的劣势，但同时也是我们的优势，正是这种不平衡，为我们的经济发展提供了空间，并在解决这个不平衡的过程中，使我们的经济从不充分发展到充分发展。还有，我们的广大农村，幅员辽阔，人口众多，具有较大的消费升级潜力。只要大幅提高农民的收入，城里过剩而在农村尚未普及的工业品就会被农村消化。

二、如何才能实现“国内大循环”？

第一，规则等制度型开放是实现国内大循环的重要制度保障。改革开放40年，我们的开放基本是商品和要素流动型开放，这一开放已经走到了尽头，要想进一步解放生产力，就必须进行规则等制度型开放，即推动由商品和要素流动型开放向规则等制度型开放转变，全面实施准入前国民待遇加负面清单管理制度。

国民待遇，就是国有企业、民营企业、外资企业要站在同一个起跑线上，遵守一个规则，不受歧视，公平竞争，无论在融资和进入门槛方面都能够做到一视同仁，否则就会出现人为的通行障碍，使国内大循环出现阻塞。为支持非公企业发展，2005 年出过“老 36 条”，2010 年出过“新 36 条”，2019 年又出了“最新 28 条”（《中共中央国务院关于营造更好发展环境支持民营企业改革发展的意见》），前前后后 15 年，总计出了 100 条支持民营企业发展的具体政策，可很少能够落地执行，为加快形成以国内大循环为主体，须抓紧落实。

负面清单管理是国家治理能力提升的标志之一。正面清单管理是国家告诉你只能做 1000 件事情，你做到 1001 件就属于违法或违规，企业的想象力和创造力被约束；而负面清单管理则是国家告诉你 1000 件事情不能做，其他法不禁者即可为，那 1000 件以外的事情有太多可以做，所以，负面清单管理可以让大大小小的经济主体释放想象力和创造力，从而活力四射，国内大循环自然无限生机。比如《外商投资准入特别管理措施（负面清单）（2020 年版）》和《自由贸易试验区外商投资准入特别管理措施（负面清单）（2020 年版）》自 2020 年 7 月 23 日起施行后，外资进入证券、期货、寿险、商用车制造、50 万人口以上城市供排水管网建设经营等领域股比限制将被取消。

第二，减税降费是国内大循环生产端的活力之源。2020 年的政府工作报告决定：今年继续执行下调增值税税率和企业养老保险费率等，减税降费 5000 亿元人民币。习近平总书记也在 2020 年 7 月 21 日召开的企业家座谈会上强调："要继续减税降费，减租降息，确保各项纾困措施直达基层，直接惠及市场主体。"其实，无论是企业增值税，还是企业所得税，我们减税的空间还很大。为企业减税并不意味着国家财政收入的降低，相反可能增加国家的收入。比如我们已经调减过一次企业所得税，即 2008 年 1 月 1 日将企业所得税从 33% 合并到 25%；也调减过两次企业增值税，即 2018 年 5 月 1 日将增值税税率从 17% 和 11% 减为 16% 和 10%，2019 年 4 月 1 日又从 16% 和 10% 减为 13% 和 9%。三次减税都没有影响我国税收的增长。美国也一样，他们在不收增值税的前提下，2018 年把企业所得税从 39% 减至 21%，减税后第一个财年政府财政收入不但没有缩减，反而增加了 2800 亿美元。

政府收入并不下降，减税却又为企业减轻了负担，何乐而不为呢？企业一旦减轻负担，他们就有钱开发新产品甚至高科技产品，完成他们的供给侧改革；并在客观上增加了职工（居民）的购买力，内需可以扩大，消费可以升级，内循环自然形成。

第三，提高居民收入是国内大循环的重要一环。我们从 2020 年两会的记者招待会上获悉：“我国人均年收入是 3 万元人民币，但是有 6 亿人每个月的收入也就 1000 元。”根据国家统计局数据，除了这 6 亿人，我们还有将近 6 亿人月收入在 1000 元 -3000 元之间。这 12 亿人有消费能力吗？更别提消费升级了。即便是按全年人均 3 万元人民币计算，14 亿人每人的平均月收入也只有 2500 元（更何况我们国家还存在贫富两极分化现象，富人消费的边际效应递减）。这点钱又能拉动内需几何？所以，我们一定要想法设法提高居民的购买能力才是实现国内大循环的根本保证。

另外，我们还存在“城乡二元经济结构”问题，城市里富裕了，广大的农村还不富裕，如何让农民富起来是摆在内循环面前的一个重要任务。所以，我们要认真学习党的十八大以来习近平总书记围绕“全面建成小康社会”提出的一系列新思想、新论断、新要求，彻底解决全面建成小康社会面临的诸多重大问题，记住总书记的这些话：“最艰巨最繁重的任务在农村、特别是在贫困地区”“小康不小康，关键看老乡”“一个民族都不能少”“不能丢了农村这一头”“决不能让一个苏区老区掉队”……2020 年是全面实现小康社会的关键一年，只要我们能够大幅度提高居民收入，国内大循环形成指日可待。

第四，科技创新是保证国内大循环形成的重要支撑。我们一定要大力支持科技创新以及基础研究和应用基础研究，引导企业增加研发投入。因为我们自己的产业链条不完整，产业链条上很多的关键技术和关键环节都要依赖进口，比如高端数控机床、高端芯片、光刻机、智能操作系统、高端传感器、高端医疗设备、航空发动机、汽车发动机、船舶柴油发动机、高端轴承、铁路转辙机、数据储存大型机、透射电子显微镜、高端数控刀具、高精度机械手、基因检测仪、真空蒸镀机、抗癌药等我们都高度依赖进口，没有这些，我们很多事情做不了，就如同中兴通讯会因为几个芯片休克一样。受美国制裁的华为同样面临这种困境，5G 业务受到美国高通 5G 的制约，手机业务虽然有自己设计的芯片，但受代工厂台积电的不合作（美国会制裁向华为提供硬件或技术合作的企业），以后日子不好过，原因就是我们没有一家企业能够加工华为的高端芯片。

最后，也是非常重要的一点，那就是我们不要忘记“国内国际双循环相互促进”，即我们在关注“国内大循环”的同时，不能把“国际大循环”置之一边，在经济全球化的今天，我们不可能独立于世界之外而自成系统。我们再一次重温习近平总书记在 2020 年 7 月 21 日召开的企业家座谈会上说的话，“我多次强调，中国开放的大门不会关闭，只会越开越大。以国内大循环为主体，绝不是关起门来封闭运行，而是通过发挥内需潜力，使国内市场和国际市场更好联通，更好利用国际国内两个市场、两种资源，实现更加强劲可持续的发展。”所以，我们有关部门不能用冷战思维去对待复杂的国际形势，应该敞开胸怀拥抱世界，而不是天不怕，地不怕，打就打，脱钩就脱钩，你不带我们玩，我们可以自己玩。这种思维要不得，我们应该想方设法保出口、不脱钩，而不是只想内循环，只为脱钩做准备。

三、为什么中国开放的大门不能关闭，只能越开越大？

1978 年，新中国已经成立近 30 年，可我们的 GDP 却只有 3678 亿元人民币（当时相当于 1531 亿美元），作为人口第一大国，GDP 总量却在世界排第十一位，美国、日本、德国、法国、英国、意大利、加拿大，就连巴西、西班牙、荷兰都排在我们前面；人均 GDP 更是少得可怜，只有 385 元人民币（约合 156 美元），也就是说，人均 GDP 连被称作“黑非洲”的撒哈拉沙漠以南的非洲国家都不如，因为 1978 年的时候，“黑非洲”的人均 GDP 都是 490 美元；外汇储备就更不用说了，因为闭关锁国，我们的外汇储备只有 1.67 亿美元。这是中国改革开放的前夜。

2000 年，中国改革开放 22 年后，我们的 GDP 迅速翻升到 10.03 万亿元人民币（当时相当于 1.26 万亿美元），是 1978 年的 28 倍；经济总量世界排名从 1978 年的第十一位跃升到第六位，超越了意大利、加拿大、巴西、西班牙和荷兰；人均 GDP 更是达到了 5910 元人民币（约合 946 美元）；出口额由 1978 年的 167 亿美元猛增到 2000 年的 2492 亿美元，翻了 15 倍，出口成为拉动经济增长“三驾马车”中的较重要一辆；外汇储备也从 1978 年的 1.67 亿美元猛增到 2000 年的 1655 亿美元，增长了 991 倍。这还仅仅是中国加入 WTO 的前夜。

2001 年 12 月 11 日，中国正式加入世界贸易组织（WTO），我们用了更短的时间——10 年，在 2010 年的时候超越日本成为世界第二大经济体，在此之前，2005 年超过法国，2006 年超过英国，2007 年超过德国。当年 GDP 总量达到 41.21 万亿元人民币，人均 GDP 达到 29524 元人民币（约合 4361 美元），外汇储备已经高达 28473 亿美元。从这个时候开始，中国超过德国成为世界最大出口国，出口产品中的制造业产品从 1978 年 25% 的占比发展到 97%，中国成为“世界工厂”。从这些数据不难看出，没有对外开放不可能有中国今天的经济成就。

从 2010 年底算起至 2020 年，我们又用一个 10 年让出口额比 2000 年翻了 10 倍，在 2019 年达到 17.2 万亿元人民币（约合 2.5 万亿美元）；GDP 在 2019 年年底达到 990865 亿元人民币，人均 GDP 达 10121.3 美元，外汇储备更是高达 3.1 万亿美元（2014 年 6 月曾近 4 万亿美元）。除此而外 1978 年到 1991 年年均使用外资 17.9 亿美元，1991 年达到 43.7 亿美元；1992 年至 2000 年年均使用外资近 360 亿美元，2000 年达到 407.2 亿美元；2001 年至 2011 年年均使用外资 803.2 亿美元，2011 年达到 1239.9 亿美元；2012 年至 2020 年均使用外资 1300 亿美元。

我们已经尝到改革特别是对外开放的好处，就不可能把打开的大门再关上。早在 2018 年博鳌亚洲论坛年会上，习近平总书记就特别强调：“中国开放的大门不会关闭，只会越开越大！”那时至今，这个声音一直被多次提起。2020 年 7 月 21 日中央召开的企业家座谈会上，习近平总书记再次强调：“以国内大循环为主体，绝不是关起门来封闭运行。”这一点我们一定要牢记。

韩文高　经济日报出版社社长　《中国经济评论》杂志总编辑

第三章
双循环下的国际格局

“双循环”新发展格局是应对当前国际政治及经济形势制定的重要战略。经济全球化能否在不远的将来重回发展轨道，很大程度上取决于各国的努力，包括中国改革开放的坚持和深入，美国孤立和强硬政策的改变，欧洲国家经济的复苏，以及国际组织包括 WTO 作用的发挥。

面对脱钩威胁，我们如何应对

美方针对越来越多的中国企业采取打压制裁措施，并声称“中美脱钩”仍是政治选项。那么面对脱钩威胁我们又当如何面对？

产业链脱钩并非不可能

中国国际经济交流中心副理事长黄奇帆就全球产业链与中国难以脱钩提出了五个观点：第一，他认为产业链重建所需要的资本投入难以保障，中美要想脱钩，美国要花大量的金钱来重新投资许多的基础设施，这对美国来讲是非常困难的。第二，产业重建的配套产业集群无法轻易建立。比如，中国东莞形成了产业集群区，生产某个产品需要的配件很容易获得。但美国长时间忽视制造业，很难再重新建立配套的产业集群。第三，美国找不到技术工人，年轻人已经不从事制造业了，产业工人的成本素质难以平衡。第四，美国的经济结构制约制造业发展。第五，制造业发展的基础设施难以配套。综上所述，在黄奇帆看来，全球产业链的重新洗牌并不会像西方少数政客希望的那样出现与中国脱钩，而是要在市场规律的作用下，向垂直整合的方向，更多元化的方向，更具韧性的方向发展。

黄奇帆谈的主要是直接投资，美国在华企业不愿、也难以回迁。但产业链脱钩问题同美国企业撤资、企业回迁问题还不完全一样。

首先，讨论中美经济脱钩问题要考虑政治因素。美国害怕中国赶上甚至超过美国，抑制中国经济的增长是美国政治精英的政治目标。国际政治中，永远是政治目标高于经济目标。为了实现抑制中国的政治目标，美国政客是可以考虑牺牲某种经济利益的。虽然产业链脱钩很难、脱钩成本很大，但脱钩并非不可能，在高技术领域尤其如此。

其次，研究中美产业脱钩问题，要具体产业具体分析。有一些产业，对美国来说，脱钩不脱钩无所谓。但有些产业、特别是高科技产业的脱钩，并不是存在不可克服的障碍，并非不会发生脱钩。比如，中国是芯片的最大买家，不卖芯片给中国，高通等美国高科技企业当然会遭受损失。但出于政治的考虑，要打压中国，高通的损失不足以让美国政府放弃禁止高通卖芯片给中国。高通、台积电就接受了美国政府的要求，不再把产品卖给华为。我认为在半导体领域，美国是可以把中国踢出美国所控制的全球产业链。再比如，中国制造大飞机深度参与了全球产业链。中国有世界上潜力无与伦比的大航空市场，美国虽然看重中国的飞机市场，但是出于政治考虑，美国政府完全可以制止美国供应商和中国合作。对美国政客来说，为了把中国踢出大飞机制造的供应链，杀敌一千自伤八百的代价是可以承受的。

总之，中美之间脱钩确确实实代价非常高，对双方都不利。但美国出于政治考虑，就是要打压中国，在很多高科技领域，美国要遏制中国、与中国脱钩，并非做不到，并非不可能。对此，我们还是要依靠自己的力量进行自主创新，形成强大的工业体系，这需要花很多的时间、需要投入大量的资金成本用于研发，但我们恐怕也没有更好的办法了。

提防金融制裁并预做准备

2018 年以来，中美经济冲突在五个领域的演进比较激烈：关税战、投资战、技术战、汇率战、金融战。

在金融战方面，有几个问题值得关注：第一，美国可能对中国实行某种形式的金融制裁。金融制裁的方法可能很多，比如对某银行、某些产业进行制裁。第二，金融勒索。中国很多的金融机构，比如中行、农行，已经被金融勒索过了，以莫须有的名义或者某个问题为由头。实际上，美国的金融勒索不只针对中国，欧洲的很多银行也被大规模勒索过。2008 年国际金融危机以来，全球各大银行已被美国罚款 2430 亿美元，这是美国发横财的一个办法。第三，推动大量资本外逃。资本外逃的方法很多，它经常和腐败结合在一起，大量的资本转移到了美国。2014 年、2015 年，中国就曾出现过严重的资本外逃，而当时的外流和外逃主要还是中国的国内问题。第四，中国持有大量的美元，美国通过美元贬值的方式，造成中国海外资产的损失，从而转嫁美国的债务危机。第五，在中美冲突尖锐化时，扣押中国的海外资产。英国金融时报的副主编马丁 · 沃尔夫曾在 2013 年年底就警告说，如果中美发生冲突，美国有可能会扣押中国相当部分的资产。这种可能性不能排除，美国现在的许多做法，如封杀抖音，强迫抖音把自己卖给美国企业而且政府还要从中收费，我们实在难以预料美国政府还有什么做不出来的事。

总而言之，在金融方面，中国确实面临着美国一系列的威胁，虽然到目前为止美国所谓的制裁只是少数案例。比如中国的昆仑银行和伊朗有石油交易，美国对昆仑银行进行了制裁。美国的制裁主要是把它从美元的结算体系中踢出去了，不能用美元、不能用和美元相关的结算体系进行业务往来。一个企业一旦不能使用美元、不能利用美元的结算体系，这个企业的对外业务就举步维艰。这个制裁过去实施过，以后美国还会实施这种制裁。对此，我们确实要十分小心。

在国际上要想做金融交易，要用美元来支付，必须使用两个系统：第一个是环球同业银行金融电讯协会 (SWIFT)。SWIFT 是个报文系统，有数万家银行参加，基本掌握了全球跨境支付信息。SWIFT 在一定条件下，会在美国要求下向美国政府提供资金流动信息。第二个是纽约清算所银行同业支付系统 (CHIPS), 它是全球最大的美元支付系统，拥有 12 家会员银行和 14 家参加银行，非会员银行可请会员行作为代理从事支付活动。它覆盖了全球 95% 以上的银行同业美元支付结算业务和 90% 以上的外汇交易清算。

国际上的金融交易大部分要通过这两个系统。因而，美国是要利用这些系统为自己的地缘政治利益服务的。我们希望以后能够建成可以摆脱美国控制的报文系统和结算体系，但是实现这一目标的路途是非常遥远的。也有中国学者谈到，通过推进人民币国际化解除这一问题，但是这也是一个非常漫长的过程。从目前情况来看，美国恐怕还没有走到要把中国踢出 SWIFT 和 CHIPS 的地步。但中国必须采取行动，预做准备，以防不测。

其实，在 20 多年前，中国的外汇储备、海外资产很少的时候，我们就考虑到这类可能性，但并未采取什么措施。如今，很多事情已经不是想纠正就能纠正的，我们只能亡羊补牢，慢慢想办法抽身。我们能采取的主动措施是有限的。我们很大程度上只能寄希望于“杀敌一千自伤八百（或更多）”的考虑，能使特朗普少做一些疯狂的事情。

中美贸易总量可能会下降

中国在过去40年，特别是2001年后迅速发展，2008年国际金融危机后，当时西方国家停滞不前，而中国经济又更上一层楼。国际和美国的差距逐渐缩小，这引起了美国的恐惧。美国作为一个守成大国，有这样一种心态也是正常的。虽然中国对美国没有任何恶意，也并不想跟美国争夺世界霸权，但是许多美国人并不这么看。不管是民主党，还是共和党，美国政府都得为它的国运负责。作为当代的霸权国家，它认为中国已经威胁到其霸权地位，哪怕它相信中国并无威胁它的意图，它也会打压中国。这是因为美国不能确信：当中国有了足够力量的时候，仍然不会威胁它。所以，它是必然要打压中国的。国际政治的现实一向如此，对此，中国并没有什么好抱怨的，更不应该抱有幻想。总之，美国肯定要打压中国，特别是在高科技产业领域。美国会想尽一切办法保持和中国20年、30年甚至更长时间的技术差距，“如果能竞争得过中国最好，如果不能，就打压它”，我觉得这是毫无疑问的。

不过，在一般的贸易和投资问题上，中美还是可以进行合作的。当然，中国要做非常大的调整。中国是美国最大的贸易顺差国，每年对美国的贸易顺差大约 2000 多亿美元，这是不可持续的：一方面美国绝对不允许中国继续保持这么大的贸易顺差；另一方面，中国对美国保持贸易顺差意味着把更多的钱借给美国，这对中国这样的穷国是没有好处的。所以，为了扭转这个局面，我们一方面必须坚决反对美国的贸易保护主义；另一方面也要调整对美国的贸易政策。为了推进中美贸易平衡，我们必须增加对美国的进口。但我们想买的东西美国不卖给我们，美国能卖给中国的产品，中国可能又不需要。怎么办？我们只好减少对美国的出口，但这样一来，中美贸易总量就可能会下降。贸易总量的下降对于经济增长肯定是不利的，特别是出口的减少会抑制总需求。面对这种形势，我们只能通过扩大国内市场来代替海外市场的作用，这可能是政府提出“内循环为主”的原因。

对“双循环”的几点看法

2020 年以来，中央多次提出“逐步形成以国内大循环为主体、国内国际双循环相互促进的新发展格局”，这一决定并不是对国际大循环战略的否定，而是对它的扬弃，是对它的补充和发展。对此，我想强调以下几点：

第一，中国应努力建立一个相对独立、完整的产业结构，确保粮食和能源安全，把中国建设成一个制造业强国。中国作为世界上人口最多的国家，粮食安全必须掌握在自己手中。我们必须首先保证我们的粮食和能源安全，其他考虑都是第二位的。中国要建立一个相对独立完整的产业体系，就不但要具有生产机器设备的能力，还要具有生产生产机器设备的机器设备的能力，把中国建成一个制造业强国。

第二，中国应该进一步降低 GDP 增长对外部需求的依赖，这并不需要主动去降低出口。只要增加内需，比重自然会下降。中国的对外依存度在 2006 年达到最高峰 35.2%，以后就开始逐年下降。但是无论是以进出口贸易总额在 GDP 的占比，还是以出口在 GDP 的占比衡量，中国的对外依存度依然偏高，还有进一步降低的余地。

第三，中国应该加速对国际贸易失衡的纠正。要解决中美间的冲突，一个非常重要的内容就是必须要减少对美国的贸易顺差。中国对美国的贸易顺差过高，不利于本国的资源配置，同时又引起中美间新的贸易顺差。我们应该加速纠正国际贸易的失衡，主要是对美国贸易的失衡。

第四，中国应该实行中性的贸易、投资政策。中国应该尽快取消退税政策中的不合理部分、应该尽快实现汇率的清洁浮动、对外资实施国民待遇。对外资企业，特别是美国企业，尽可能把它们留在中国；另一方面我们也要坚持实行国民待遇，对中外企业一视同仁。

以后我们需要用更多的力量，在进口替代方面下功夫。中国制造 2025 就是这样一种意愿的反映，应该给予支持。经过这两年中美间的贸易冲突，我们看到中国制造 2025 只不过是美国打击中国的借口。中国制造 2025 不是要不要的问题，而是如何实施的问题。我们必须要有自己的产业政策，问题在于如何制定一个既发挥市场决定性作用同时又能通过政府力量弥补市场缺陷的产业政策。

第五，中国需要对海外资产结构进行调整。中国拥有 2 万亿美元的海外净资产，但是在 10 多年间我们的投资收益每年都为负，这是不正常的现象，必须想办法纠正。

第六，现在中国需要把更多的资源用于提高和加强自主创新能力，这同时要求我们对整个教育体系和科研体系进行调整。大学应该鼓励创新精神，鼓励自主讨论，努力培养大量科学家、工程师和技术人员。另一方面，中国应该加强中专教育和职业培训。

第七，留住本国资本。我国制造业成本上升，许多企业转到东南亚。既然企业可以挪到东南亚国家，为什么不鼓励企业挪到成本较低的中国西北呢？政府应该采取措施，支持企业向内陆转移。

第八，调整我们在全球产业链中的位置和参与度。一方面，我们还应继续积极参与国际产业链的分工。另一方面，考虑到形势变化，我们需要对自己在产业链中的位置和产业链本身进行调整，更多强调本地化、让更多的产业链环节和终端留在或靠近本国市场。

余永定　中国社会科学院学部委员

注意中美第一阶段经贸协议文本中的两个法律问题

美东时间 2020 年 1 月 15 日，中美双方在美国华盛顿签署《中华人民共和国政府和美利坚合众国政府经济贸易协议》（以下简称“《协议》”）。《协议》第一章着重规定了我国提升“知识产权”保护的各方面要求，其中又以提升商业秘密保护水平为重中之重，尤其是《协议》提出商业秘密纠纷举证责任转移以及降低启动刑事执法门槛的两项要求，中国企业需要对此给予重视。

《协议》部分要求已在 2019 年修订的《反不正当竞争法》中得以体现。全国人大常委会今年公布的《刑法修正案（十一）（草案）》（以下简称“《刑修十一草案》”）就侵犯商业秘密罪所作的修订亦反映了《协议》的要求。此外，最高人民法院近日发布的《关于审理侵犯商业秘密纠纷民事案件应用法律若干问题的解释（征求意见稿）》（以下简称“《商业秘密司法解释意见稿》”）等 5 部司法解释的征求意见稿，旨在进一步落实《协议》安排，按照我国自主的节奏和方式加强对商业秘密的保护。一俟《协议》全面落地，一方面对研发为主导的企业，尤其是中小型高科技企业是利好消息；另一方面，也对我国企业商业秘密制度建设和风险防范提出更高要求。

商业秘密中两大法律问题须警惕

由于商业秘密的非公示性，相比于其他知识产权权利，商业秘密认定难、举证难、赔偿难的问题更为突出。因此，《协议》在第一章详细阐明了有关“商业秘密和保密商务信息”的保护要求，试图从制度设计上解决这些问题，具体包括：扩大商业秘密责任人范围和侵犯商业秘密行为的范围，明确民事程序中的举证责任转移，增加适用临时措施的情形，保护商业秘密和保密商务信息免于政府机构未经授权的披露和加大侵犯商业秘密行为的处罚力度等。而其中，举证责任转移和降低成立侵犯商业秘密罪的立案标准为最重要的制度突破。

一、“举证责任转移”勿轻视

根据传统的“谁主张，谁举证”的举证规则，在商业秘密侵权诉讼程序中，权利人应当举证证明（1）其信息符合秘密性、商业价值和保密措施三项条件，（2）被控侵权人的信息与其商业秘密相同或者实质相同，（3）被控侵权人采取了不正当的侵权手段。权利人举证负担重，维权难度高。

从整体数据上看，根据 2019 年北京高院知识产权庭课题组所作的商业秘密司法审判调研报告，在以判决方式审结的案件中，原告主张的商业秘密未获得司法保护的案件数量占比为 65%，明显大于原告主张获得支持的案件数量。以杭州彼爱琪电器与金华市金磐开发区奥凯电器厂、李慢来等侵犯商业秘密纠纷案为例，在该案中，虽然原告主张商业秘密保护的二次绕组线径规格难以直接通过观察得出，但二审法院认为，产品的塑料外壳与铁芯及漆包金属线相对独立，拆卸外壳能够完全清楚地展现产品的内部物理结构，亦不会对漆包金属线的直径尺寸造成影响，因此进入市场后相关公众可通过对产品的拆卸、观察、测量和分析等常规手段即可获得该线径的尺寸规格。法院最终认定所主张信息已经为公众所知悉，并驳回原告诉讼请求。

为克服上述困难，《协议》第 1.5 条规定 (1) 证明商业秘密存在和 (2) 证明商业秘密侵权两部分的举证责任转移。

就证明商业秘密存在而言，《协议》要求：权利人只需提供初步证据证明其对主张保护的商业信息已经采取了相应保密措施，包括签署保密协议、增加“保密”标识、限制载体接触、增设访问信息密钥等，举证责任则向被告转移。此种安排之下，权利人将不受制于消极状态的举证困难，转而举证积极的“保密措施”，有利于解决证明“密点”存在的痛点。我国 2019

年修订的《反不正当竞争法》第三十二条已经对此作出类似规定。值得注意的是，从法律规定和司法实践看，原告举证证明的保密措施应与商业秘密的商业价值、重要程度等相适应，且原告证明商业秘密内容的义务未被免除。

譬如，在北京中广上洋科技与成都索贝数码科技等不正当竞争纠纷案中，法院明确，当事人证明其所主张的商业秘密符合现行《反不正当竞争法》规定法定条件应提供商业秘密的载体、具体内容、商业价值和对该项商业秘密所采取的具体保密措施等方面的证据。虽然中广上洋公司提出公司章程中已经列举了保密条款以证明其对主张的商业秘密采取了保密措施，但一审法院认为，仅提供此项证据尚不充分，并且原告未提供其所主张商业秘密的具体载体，无法看出其所主张各项商业秘密的具体内容，因此对原告侵害商业秘密的主张不予支持。

就证明侵犯权利人商业秘密而言，《协议》要求权利人只需提供初步证据证明：(1) 被控侵权人有渠道或机会获取商业秘密且其使用信息与商业秘密实质相同，或 (2) 商业秘密已经被控侵权人披露或使用或者有披露或使用的风险，或 (3) 其他能够证明商业秘密遭到被控侵权人侵犯的证据，举证责任亦向被告转移。中国《反不正当竞争法》对此亦有规定，并在司法实践中有所适用。比如在北京洪威先创科技与孙娟等侵害经营秘密纠纷案中，法院依据原告所主张的客户名单的内容以及原告所采取的保密措施，在被告未能证明客户名单“为公众普遍知悉和容易获得”的情形下，认定客户名单构成商业秘密；并在原告提供证据证明作为原告前员工的被告曾接触过客户名单，且多次与客户名单记载客户交易后，将举证责任转移至被告，并且在被告未能就其行为作出合理解释及举证后，认定其行为构成侵犯原告商业秘密。

此外，《商业秘密纠纷司法解释意见稿》亦对商业秘密纠纷中举证责任转移制度作出配套细化规定，为法院在司法实践中解释法条提供指引。

二、“降低刑事执法门槛”要有预案

我国现行《刑法》第二百一十九条规定，成立侵犯商业秘密罪以“给商业秘密的权利人造成重大损失”为前提，进一步地，最高人民检察院、公安部在《最高人民检察院公安部关于公安机关管辖的刑事案件立案追诉标准的规定（二）》（以下简称“《立案追诉标准二》”）第七十三条明确了侵犯商业秘密罪的立案追诉的标准包括权利人损失五十万元以上，嫌疑人违法所得五十万元以上，行为致使权利人破产等，均从行为结果的角度设置了“重大损失”的刑事执法门槛，且对于权利人而言举证难度很高。一方面，商业秘密属于无形资产，价值评估具有较强的不确定性；另一方面，从知识产权司法实践经验不难知悉，无论是损失抑或是获利，举证难度都相当高。以上诉人李某某侵犯商业秘密罪二审案为例，在该案中，二审法院明确，行为是否造成严重侵害后果是侵犯商业秘密罪的构成要件之一，由于《司法会计鉴定报告书》以李某某负责的整个鞋帽部的交易额来计算平均利润率，鉴定对象不当，认定造成损失的依据不足，因此法院改判被告人无罪。“重大损失”的举证难问题潜在地导致了实践中商业秘密刑事案件立案率低、成案率低的问题，诸多权利人由于无法证明已经达到立案标准或犯罪构成要件，进而无法通过刑事手段保护其商业秘密。

此种背景下，《协议》第 1.7 条要求取消将权利人实际损失作为启动侵犯商业秘密刑事调查的前提。具体而言，作为过渡措施，中国需澄清前述“重大损失”可以由补救成本充分证明。而在后续，中国应在可适用的所有措施中取消将商业秘密权利人确定发生实际损失作为启动侵犯商业秘密刑事调查前提的要求。

中国对《协议》要求作出回应。从立法变化看，中国似乎拟直接落实《协议》要求的后续措施，即取消“实际损失”作为启动刑事执法的门槛。2020 年 7 月，全国人大常委会对《刑修十一草案》进行了审议。该草案第十四条明确，将现行《刑法》第二百一十九条修改为“有下列侵犯商业秘密行为之一，情节严重的，处三年以下有期徒刑或者拘役，并处或者单处罚金……”删除了现行《刑法》中“重大损失”的要求，而转为使用更为宽泛的“情节严重”的措辞，强调行为情节的性质，而非行为结果的严重程度。

但值得注意的是，从司法解释的变化看，目前践行的思路是先落实过渡措施。2020 年 7 月，最高检、公安部在《关于修改〈最高人民检察院公安部关于公安机关管辖的刑事案件立案追诉标准的规定（二）〉侵犯商业秘密案立案追诉标准的补充规定（征求意见稿）》（以下简称”《立案追诉标准征求意见稿》”）中对《立案追诉标准二》进行修改，对“重大损失”的情形作出了细化，并且明确了损失数额和违法所得额的认定方式。其中，尤其需要注意的是，《立案追诉标准征求意见稿》最后规定，“商业秘密的权利人为减轻侵犯商业秘密行为直接造成的商业损失或者重新恢复计算机信息系统安全等保密措施所支出的必要补救费用，应当一并计入商业秘密权利人的损失数额”，响应了《协议》1.7 条第二款所载“采取过渡措施”的要求。不过，可以看出《立案追诉标准征求意见稿》仍是通过解释“重大损失”的情形进而阐释侵犯商业秘密罪的立案标准，未能实现与《刑修十一草案》的合理衔接。我们合理相信，如果《刑修十一草案》以目前文本通过，那么《立案追诉标准征求意见稿》将很可能作进一步修改，以与“情节严重”保持对应。

为更好地应对商业秘密之“争”，我们建议：建立健全企业商业秘密保护制度，包括：其一，对商业秘密采取保护措施，对商业秘密侵权风险采取防范措施。就商业秘密保护而言，签署保密协议或约定保密义务，通过章程、规章制度、内部培训等方式提出保密要求，以标记、分类、隔离、封存等方式对商业秘密及其载体进行区分和管理，对能够接触、获取商业秘密的设备、软件等采取禁止或限制措施，加强对离职员工的管理。就商业秘密风险防范而言，对入职员工开展背景审查，对研发和生产过程中的信息交换进行管理，避免员工自觉或不自觉地将第三方商业秘密带到本单位的生产活动中。

值得注意的是，如前所述，企业需更多地关注保密措施与商业秘密之间的“相应”性，而并不是只要提出保密要求就满足了采取保密措施的义务。以东莞利安达环境科技与盛龙弓旻侵害商业秘密纠纷案为例，在该案中，虽然原告与雇员签署了《劳动合同》并约定保密义务，且亦在公司公告栏上发布《员工守则》《中层以上管理人员纪律约定的规定》等内容制度，提及商业秘密保护内容，但法院认为，由于原告没有对报价单作具体保密措施，因此该报价单不能认定为商业秘密。类似地，在济南东方管道与李家滨、刘兴新等侵害商业秘密纠纷案中，原告虽然在《企业管理制度》和《劳动合同》中均提出了“保护公司商业秘密”的要求，但法院认为，由于原告仅提出要求，但对商业秘密的具体内容、范围、保管措施等并未明确规定，因此不能证明其对于客户之间的销售合同、发票采取了合理的保密管理措施，进而无法受到保护。

其二，加强员工培训，强化员工保护商业秘密的意识。一方面，告知员工保护商业秘密的具体行为准则，使员工行为有“法”可依；另一方面，增强员工风险识别意识，在其难以界定的情况下，应及时向公司法务等部门汇报或向外部律师咨询，并留存证据。此外，无论发布企业制度，或是开展员工培训等，企业都应要求员工签字，或者采取其他方式确保员工认可其已经知悉相应制度规则，以免企业在发生争议时陷入举证困难。

最后，注重留存证据。对于企业，尤其是通过反向工程或者与其他企业技术人员的沟通交流发展技术的企业，保留证据证明其行为合法性在民事诉讼抑或刑事诉讼中均相当关键。具体而言，企业有必要保留完整证据证明企业采购、拆解、研发、再现、生产的全过程，企业与其他技术人员的沟通场景、时间、内容等，尤其需要注意留存证据证明沟通并不涉及商业秘密信息本身。另外，若企业之间存在协议关系的，采取反向工程的企业还需要关注并留存证据证明其不负有禁止反向工程的义务。

譬如，在昆山山田与宁波万代等侵害技术秘密纠纷案中，虽然被控侵权人提出其系在对原告的产品进行维修和翻新的过程中通过反向工程方式获得技术秘密的抗辩主张，但法院认为，反向工程的实施人不能是对商业秘密负有保密义务的人，且被告亦不能就拆卸、测绘、分析等过程进行充分举证并且作出合理说明，因此最终法院对其抗辩不予采信并认定商业秘密侵权成立。

类似地，在伊特克斯、郭某某、杜开宁侵犯商业秘密案中，被告人在庭审中大量陈述了其个人学习研究和向他人请教氙气灯生产线技术的过程，其辩护人也提供了 10 多份证人证言以证明郭某某曾经向他们请教，但被告人提供的教科书、论文中仅有相关原理，法院认为，原理应用于产品的研发、生产需要进行大量的研究和反复试验等，不同的人研发则可能会产生不同的结果，而公开的资料中并无产品尺寸等具体信息。因此被告人不能证明其从这些公开的资料中获取了与权利人相同的技术信息，并最终认定被告人犯侵犯商业秘密罪。

杨　迅　吴晓雨　上海市通力律师事务所

第四章
双循环的区域发展战略

随着国内统一大市场与国内要素自由流动的实现，在未来五至十年，国内有望形成新一轮的区域经济一体化。围绕新一轮区域经济一体化而形成的都市圈与城市群建设，将会成为下一轮中国经济发展的新增长极。

海南自贸港将引领中国走向更高的开放水平

2020年6月1日，《海南自由贸易港建设总体方案》发布，海南自由贸易港进入了全面建设期。

海南自贸港的创新之处在哪里？

《海南自由贸易港建设总体方案》整个制度设计是以贸易投资自由化便利化为重点的，包括六个方面的自由便利有序安全流动制度，即贸易自由便利、投资自由便利、跨境资金流动自由便利、人员进出自由便利、运输来往自由便利、数据安全有序流动便利六个方面，同时打造旅游业、现代服务业和高新技术产业为主体的现代产业体系。《总体方案》还在税收制度、社会治理、法治制度和风险防控体系做出了设计。总的来说，《总体方案》从11个方面相互支撑，通过制度集成创新推进高水平开放。

在这些制度安排中，税收的优惠起到了重要的作用。总的来说，海南自贸港将实行零关税、低税率、简税制。

除了禁止、限制进出口的货物、物品清单以及进口征税商品目录之外的商品均可以免征关税自由进入。全岛封关运作前，对部分进口商品，免征进口关税、进口环节增值税和消费税。

自由贸易港的企业所得税和个人所得税都实行低税率，注册在海南自由贸易港并实质性运营的鼓励类产业企业，减按 15% 征收企业所得税。对在海南自由贸易港设立的旅游业、现代服务业、高新技术产业企业，其 2025 年前新增境外直接投资取得的所得，免征企业所得税。对在海南自由贸易港工作的高端人才和紧缺人才，其个人所得税实际税负超过 15% 的部分，予以免征。放宽离岛免税购物额度至每年每人 10 万元，扩大免税商品种类。除此之外，从自贸港进入内地的商品，如果增值比例达到 30%, 则可以零关税进入内地。这些税收优惠措施，为海南吸引人才和资本提供了特别优惠的条件，从而使得海南自贸港不但可能形成一个国际旅游消费中心，而且可以成为一个各种资源的集聚地。

海南自贸港与香港自贸港有什么不同?

在目前国际上各种类型的自由贸易港中，香港是自由化程度最高的一个。新加坡虽然也是一个关税基本为零的自由贸易港，但它在境内设置了七个自由贸易区，只有在自由贸易区内不用缴纳货劳税，如果进入境内自由贸易区外，还需要缴纳货劳税。自由贸易区内并没有大量复杂的加工制造活动和生活消费设施。而香港除了四类商品外，其他商品都可以零税率进入整个香港。香港可以自由消费这些不含流转税的商品。

在我国现有的各类海关特殊监管区内，也没有大规模商业性生活消费设施。但是，海南本身就是要建设国际旅游消费中心。在海南当地消费免税产品，是海南自贸港设计的题中之意。从这一点上看，海南在税收制度上将会学习与借鉴香港的经验。

但是，有一种猜测，说海南是否可能将取代香港，对这一点，我们认为并不可能。海南与香港各有优势，其发展主要是互补而非竞争的关系。

海南的面积有 3.4 万平方公里，大大超过香港的 1107 平方公里。海南有很大的面积是生态涵养区，也有大量的自然风光，适合作为旅游目的地。在此基础上再发展高端服务业和高科技产业。但是，海南目前并不是位于国际中心航道线上，在相当长一段时间内，很难发展转口贸易。海南对生态环境的高保护要求也很难发展加工制造业。

香港在历史上以加工制造与转口贸易为重点，逐渐发展为现代服务业的集聚地，其发展路径与海南有很大不同。香港地处粤港澳大湾区制造业中心，有粤港澳地区繁荣的制造业作为发展基础。香港大量的金融人才和高度自由的金融政策体系也使其成为资金高度汇集的地方。

对于海南来说，由于产业基础和人才方面的不足，再加上资本项目的自由化进程还需相当长一段时间，海南与香港基本上不会形成竞争关系。实际上，两者完全可以互相补充，错位发展，协同并进。

海南自贸港的未来及引导作用

海南自由贸易港同时也是中国目前最大的自由贸易试验区。自由贸易试验区作为改革开放的试验场，并不强调特殊经济政策，而是强调体制机制创新改革，做制度高地，不做政策洼地，其试验的成果往往可以在全国其他地区复制与推广。但是作为自由贸易港，海南将得到的各种优惠措施，特别是税收优惠措施，往往是在可预见的将来不能在全国复制推广的。或者说，自贸港的存在本身具有历史阶段性，如果零关税低税率这些特殊优惠政策在未来的某个时期成为一般经济政策，自贸港也就不再是通常意义的自贸港了。例如，2013 年，汉堡港正式拆除围栏终结了其 125 年自贸港的历史，融入了欧盟一体化的统一市场中。

但是，自由贸易港的一些特殊政策，其创新之处并非完全不能为其他地区所学习。例如，海南在目前推进的极简审批制度，其他地方就完全可以学习借鉴。今后海南要推行的非禁即入、承诺即入，也可以为其他地区所借鉴。只不过，在海南相关的禁止清单和内地实行的市场准入负面清单等内容会不一样。

海南作为实行最高水平开放政策的地区，它的实践经验也将为中国融入开放型世界经济提供借鉴与参考。总体方案也提到海南进一步将研究改进补贴政策框架，为我国参与补贴领域国际规则制定提供参考。海南的高度开放最终也将引领中国走向更高的开放水平，并且更加具有国际竞争力。

作为一个对外开放的高地，海南的开放不同于 40 年前改革开放初期“两头在外，大进大出”的开放，作为实现“内引外联”的开放窗口，海南是链接国内国际两个大循环的重要纽带。海南的开放必将辐射到内地的大市场，内地的企业和个人也会以各种方式从海南的开放中获益。来海南旅游消费可以享受免税的好处，来海南设立企业可以享受低税的优惠，把海南作为对外投资的基地可以在 5 年内享受到免税待遇，而且还有非常自由的资金进出便利。这些既是海南吸引内地企业与个人来海南兴业的优势，也是使海南的开放利益渗透到内地的渠道。

然而，海南自贸港的建设不能一蹴而就，只能稳步推进。要使得海南的开放既能辐射内地大市场，又不成为走私洗钱的通道，这需要在软件与硬件上进行科学的设计与建设。远离目前的国际主航线、产业基础薄弱、人才相对缺乏，这些都是海南自贸港建设的瓶颈。海南自贸港要成为一个成熟的自贸港，可以说是任重而道远。正是因为这样，《总体方案》设计了分阶段、分步骤的建设计划，而且从法治制度和风险防控等方面加以保障。伴随着《总体方案》的落地，许多具体的实施措施正在成熟一项推出一项。我们相信，海南自贸港必能行稳致远，走向成功。

崔　凡　对外经济贸易大学海南研究院院长

深圳特区 40 年，一个开放样本的蜕变

2020 年 8 月 26 日，深圳经济特区建立 40 周年。40 年前的 1980 年 8 月 26 日，第五届全国人大常委会第十五次会议决定批准，在深圳市境内划出 327.5 平方公里地域设置经济特区。

自此而后，深圳印证了中国翻天覆地的巨变。作为“最早的改革开放特区”之一，创造了令世人瞩目的深圳速度、深圳效益、深圳经验。从一个 GDP 不到 3 亿元人民币的边陲小渔村，到如今一跃成为 GDP 接近 3 万亿元人民币的国际大都市。

对深圳特区 40 多年的总结与回顾，是我们真正理解改革开放对于中国深远意义的一个特殊节点，也是我们溯流而上，梳理深圳发展逻辑和洞窥其未来发展方向的关键脉络。

春天的遐想

从深圳皇岗口岸遥望，就是一江之隔的香港，亚洲四小龙之一。数十年中，无数人曾经从这里眺望，但有两个人却被深

圳深深铭记。

1984 年，在特区成立的第五年，改革开放总设计师邓小平在这里写下“深圳的发展和经验证明，我们建立经济特区的政策是正确的。”

1979 年，袁庚以蛇口为试验场，激发出了这片土地的最初活力。他曾经力排众议放权的三家企业中的两家（平安保险、招商银行），如今已经分别成长为世界财富 500 强常客和世界最有效率银行之一。如今，深港之间曾经的差距，早在时间的推进和特区故事的演绎中，在设计者、创新者与践行者们的时空遥望和实践中填平。

时间回到 1979 年。这一年，被认为是经济细胞的复苏之年，也是对深圳来说具有至关重要意义的时段。希望从废墟中破土，变革在躁动中萌生。就在这一年，深圳建市。如今回望 40 多年的发展历程，无论对这一年怎样着重描述似乎都不为过。这一年，著名诗人北岛写下了《岗位》，“我的时代在背后，突然敲响大鼓”，翌年，在邓小平的直接干预下，在高层中讨论了一段时间的经济特区悄然走向现实。深圳、珠海、汕头、厦门，终于成为市场经济的试水者，开始了东方中国经济的最初复兴。

如同 19 世纪中期的加州，深圳充当了大国商业幼年阶段释放激情的那片土地。但没能摆脱的，是这片激情的土地从一开始不得不作为发达国家的加工厂和后花园来完成自身的原始积累。那时的深圳，在外商眼里，是中国极具吸引力的市场，是利润空间极大的供应商。

根据可统计数据，从深圳成为经济特区开始到 1990 年，中国的出口翻了 4 倍，而绝大部分的贡献均来自以广东为首的沿海开放省份。随着中国制造业的逐渐发展，到 2000 年前后，发端于东莞的“三来一补”的企业结构和外向型经济模式，已经出现了种种问题。随着中国加入 WTO，这种矛盾又进一步升级了。这意味着，曾经依靠“来料加工、来样加工、来件装配和补偿贸易”的贸易形式已经不再是经济发展所倚靠的主流形式，尽管其在未来相当长一段时间内都将存在。

历数深圳的发展，媒体总喜欢用“春天”来加以形容。“跨进新年，深圳正以勃勃英姿，在改革开放的道路上阔步前进。”这是邓小平 1992 年南巡到达深圳后，《深圳特区报》的长篇通讯《东方风来满眼春》中的词句。而在经历了 1979 年和 1992 年两个春天之后，新的春天遐想充萦在这片具有创新激情的土壤上。

如果说 1999 年之前深圳的经济结构在经济经验的积累阶段总的来说还算可以的话，那么在千禧年之后，则可以用一日千里来形容深圳的发展速度和成就。

开放引领升级

走上一条依靠科技创新带动产业升级的转型之路，是特区深圳在发展过程中的重要选择。1988 年，《深圳经济特区加快高新技术及其产业发展暂行规定》等政策就已出台，在中国内地城市率先确定了发展高新技术产业的基本思路。

随着扶持以电子信息产业为核心的高新技术产业的政策和措施不断出台，加强政策引导、高科技发展路径、公共研发平台、创新服务体系建设，鼓励企业自主创新，引进大型跨国公司，大力发展自主创新的高新技术产业和民营科技企业等准备措施一一就绪之后，深圳迅速实现了产业升级和结构调整以及经济增长方式的转变，成为全国创新最活跃、创新力最强的地区。

可以说，当经济学家们还在为“中国制造”走规模化路线还是走品牌之路，为两种发展定位各执一词摇摆不定时，深圳已经用自己的实践摸索出一条在经济乍暖还寒之际的生存之道。

现黑龙江省省委书记、深圳市原市长许勤曾经对《中国经济评论》杂志社记者介绍，从 20 世纪 90 年代开始，深圳就确定了把高新技术产业作为主导产业进行打造，使其成功从加工贸易方式转为以高技术产业为主体的产业形态。

这是厚积薄发的自然结果。深圳电子信息产业的行业结构、企业结构、产品结构日趋优化，电子元器件、通信设备、软件产品等高端产品比重不断提高，涌现出一批在国内外具有较强竞争力、较高知名度的华为、中兴、创维、长城等工业产值超百亿的龙头骨干企业，在国际金融危机影响全球之际发挥了明显的示范带动支撑作用，成为深圳成功应对金融危机的中坚力量。

深圳的“筑巢引凤”亦在不断激发着这座城市的创客与创新的基因。深圳新生代科技专家、深圳光启高等理工研究院院长在一次接受本刊记者采访时说，深圳是一个很不“小资”的城市，这里最适合创新与创业。所以，他从美国杜克大学毕业后的 2010 年，带领一个五人团队共同创办了光启高等理工研究院，最终在超材料领域打造出了一片属于光启的天空。事实上，深圳电子信息企业还借助金融危机带来的机遇，不断向产业链上游拓展：创维、康佳、TCL 等深圳彩电厂商与外资合作或单独建厂，纷纷进军上游液晶模组，建立模组到整机制造的一体化工厂，缩短物流时间，节省制造成本，在平板电视领域掌握更多主动权。

资料显示，深圳的高新技术产品产值实现从 3000 亿元到 8000 亿元的 5 个千亿元台阶跨越，只用了不到 5 年的时间。到 2008 年时，深圳全市高新技术产品产值实现了创纪录的 8710.95 亿元人民币，约占全国的六分之一，超过北京、上海居全国各城市首位。而当时间的指针指向 2019 年时，深圳的高新技术产值已经达到 2 万亿元级。无论是占 GDP 的比例还是总体规模，深圳都已经是世界级的深圳。

如果这些数据还不足以证明的话，那么深圳的一大批全国首屈一指的电子信息产品就是再权威不过的说明和补充了。无论是手机、程控交换机、通信基站，还是彩电、计算机、嵌入式软件，深圳的产量都位居全国乃至全球前列。可以这样说，在庞大的产业规模和密集的本土创新型企业群的强力支撑与拉动下，深圳已成功领跑全国的高新技术产品基地和 IT 重镇，成为全国乃至全球重要的通信设备、计算机及外部设备、电子元器件、家用视听和软件的研发、生产、出口基地。

在了解深圳的过程中，我们都无数次听到这些名字和企业：王石与万科、任正非与华为、马化腾与腾讯、李东生与 TCL、王传福与比亚迪、大疆与汪滔、光启与刘若鹏……这些企业与人物的创新与创业激情的演绎，就是这座城市生命力的充分证明。

蜕变的逻辑

尽管特区的历史已经超过 40 年，但今天仍然不断有人在问：是什么促使这片拥有 1343 万人口和 1953 平方公里的土地，创造了近 2.7 万亿元的 GDP，在全国大中城市中仅次于北京和上海？是什么使一个名不见经传的小渔村，成长为举世瞩目的开放城市？

答案自然是改革开放。深圳因毗邻香港的区位优势，率先实施“引进来”“走出去”，继而吸取外部资金、先进技术和管理经验，为我国从封闭半封闭走向全方位开放进行了开拓性探索，成为对外开放的重要“窗口”。

中央层面的政策支持，区域位置的得天独厚，一群充满创业激情的新深圳人胼手胝足的艰苦奋斗……最终共同造就了今天的深圳。某种程度也可以说，是来自政策与实践的合力，最终成就了深圳式辉煌。

仅以过去 10 年时间里来自中央的部分支持政策就能够看出深圳在开放中的样本意义：2010 年，国务院批准深圳特区范围扩大到全市；2012 年，国务院批复支持前海成为我国金融业对外开放试验示范窗口；2015 年，国家商务部正式批复同意在深圳前海开展平行进口汽车试点；2017 年国家发展改革委公布《深化粤港澳合作推进大湾区建设框架协议》全文；2018 年国务院批复同意深圳建设国家可持续发展议程创新示范区。

“开放是深圳发展的永恒主旋律。”在 2019 年 9 月举行的庆祝中国改革开放 40 周年中外智库论坛上，深圳市政府发展研究中心主任吴思康表示，改革开放 40 年来，深圳坚持开放从未止步，迅速从一个落后的边陲渔村建设成为一座充满魅力、动力、活力和创造力的现代化国际化城市，创造了世界工业化、现代化、城市化发展史上的奇迹，为全国改革开放和世界经济发展作出了历史性贡献，成为向世界展示我国改革开放成就的重要窗口，也是国际社会观察我国改革开放的重要窗口。

国务院发展研究中心副主任隆国强认为，从对外开放的角度来看，中国在过去的 40 年实现了两个重要的跨越。“从封闭的经济变成了开放的经济，从依靠初级产品参与全球分工的经贸小国变成了世界上最大的贸易大国。”从这个角度来讲，走在前沿的以深圳为代表的特区城市，可以说居功至伟。

中国人民大学副校长刘元春进一步强调，“中国改革开放对全球做出巨大贡献。”在刘元春看来中国改革开放的成功实践和伟大成就，是世界发展迈向新阶段的核心推动力。正是通过改革开放，中国才能积极拥抱全球新一轮技术进步和产业转移，最终在客观上推动了全球资本的重新配置，全球产业链、分工链、价值链实现重构。

每一个宏大的愿景，都需要一个落脚点。特区深圳也是如此，改革与开放，是它过去 40 年脱颖而出的理由，同时也是它继续走向辉煌的根基。在深圳特区的 40 周年之际，这座城市正在寻找着再出发的驱动力。

待续的革命

拥抱改革，是一首待续的诗篇；继续开放，是一幅未完的画卷。在 40 载的砥砺奋进之中，深圳践行着自己改革与开放的使命，并朝着更深更广的层面谱就着未来的美好愿景。

英国《经济学人》这样评价深圳的开放成就：“改革开放 40 年，中国最引人瞩目的实践是经济特区。全世界超过 4000 个经济特区，头号成功典范莫过于深圳。”

事实的确如此。在深圳，你能看到万科和中国平安这样的传统企业仍在充当着引领经济增长的生力军，也能看到华星光电这样的生态链企业在践行着中国智造的力量；你能看到华为、腾讯这样在互联网和制造业领域的世界级巨头，也能看到像华大基因和大疆这样诠释着创新制高点的精尖科技……它们的每一个产业成就和科技创新，都在国际占有其一席之地。

纪念深圳特区 40 周年，是中国 2020 年的一件大事。人们在回顾一个特区城市的蜕变背后，更期待的则是深圳以及深圳所承载的改革开放与创新精神，能够被进一步发扬光大。而在对深圳特区 40 年的回眸与思忖中，中国早已达成了共识，那就是以继续开放的精神与魄力，去缔造深圳乃至中国的新的辉煌。

2019 年 7 月，由习近平总书记主持召开的中央全面深化改革委员会第九次会议强调，“支持深圳建设中国特色社会主义先行示范区，要牢记党中央创办经济特区的战略意图，坚定不移走中国特色社会主义道路，坚持改革开放，践行高质量发展要求，深入实施创新驱动发展战略，抓住粤港澳大湾区建设重要机遇，努力创建社会主义现代化国家的城市范例”。

这是国家层面寄予深圳特区的全新定位。作为中国改革开放排头兵，深圳在国内国际双循环的新发展格局中同样大有可为。我们也有理由相信，深圳将在建设中国特色社会主义先行示范区、建设粤港澳大湾区、创建社会主义现代化强国城市范例的道路上，继续弘扬敢闯敢干、敢为人先的改革开放与创新精神，在经济与社会等层面继续发挥好先行先试的示范作用。

张兴军 《中国经济评论》主编

深圳经济特区 40 年大事记

1980—1989

1980 年深圳经济特区诞生

第五届全国人民代表大会常务委员会第十五次会议批准《广东省经济特区条例》，深圳经济特区诞生。

1982 年推出工资改革试点

深圳推出工资改革试点，改革劳动分配制度，在中国内地率先实行结构工资制；大亚湾核电站项目获批。

1983 年发行新中国第一张股票

新中国第一张股票＂深宝安”发行，深圳第一家股份制企业诞生。

1984 年邓小平视察深圳

邓小平视察深圳并题词：＂深圳的发展和经验证明，我们建立经济特区的政策是正确的。”；“三天一层楼”的国贸大厦成为深圳城市标志，“深圳速度”被载入史册。

1986 年探索国有企业股份制改造新路

《深圳经济特区国营企业股份化试点暂行规定》出台，率先探索国有企业股份制改造新路。

1987 年敲响土地拍卖 " 第一槌”

率先放开土地市场，土地拍卖 " 第一槌”引发新中国土地使用制度的 " 第一场革命”；中国内地首个保税工业区沙头角保税区成立；中国内地第一家证券公司“深圳经济特区证券公司”成立。

1988 年提出 " 房屋是商品”观念

1989 年百万劳工下深圳

1990—1999

1990 年深圳证券交易所成立

深圳证券交易所成立,成为中国内地两大证券交易所之一。

1992 年邓小平视察深圳发表南方谈话

邓小平视察深圳发表南方谈话，为建设中国特色社会主义指明正确方向，带来了一个思想解放的春天。

1994 年形成中国第一个全国性的保税生产资料市场

深圳市保税生产资料市场向全国“三资”企业开放，成为中国第一个全国性的保税生产资料市场。

1997 年深圳建立人才大市场

深圳建立人才大市场，开劳动力商品化之先河；深圳率先建成社会主义市场经济十大体系，基本完成了从计划经济到社会主义市场经济的过渡。

1998 年开创中国内地审批制度改革先例

《深圳市政府审批制度改革实施方案》出台，开创中国内地审批制度改革先例。

2000—2009

2001 年颁布中国内地第一部土地交易的地方性法规实施

《深圳市土地交易市场管理规定》颁布实施，这是中国内地第一部土地交易的地方性法规。

2002 年实行国有大型企业国际招标改革，深圳市实行国有大型企业国际招标改革，在探索国有企业产权主体多元化方面实现了突破；深圳报业集团挂牌成立。

2004 年深交所设立“中小企业板块”

中国证监会批准深圳证券交易所在主板市场内设立“中小企业板块”，为中国内地中小企业提供了通过资本市场进行融资的途径; 深圳成为中国内地第一个没有农村行政建制的城市。

2007 年《“深港创新圈”合作协议》签订

深圳、香港两地政府共同签订《" 深港创新圈”合作协议》，以进一步提升深港区域在全球的竞争力；深圳港年集装箱吞吐量突破 2000 万标箱，在全球集装箱港口排名位居第四。

2008 年深圳 " 一区四市” 的定位确定

国家发改委《珠三角地区改革发展规划纲要》确定深圳 " 一区四市” 的定位，即综合配套改革试验区、全国经济中心城市、国家创新型城市、国际化城市和中国特色社会主义示范市。

2009 年深交所创业板开市交易

深圳证券交易所创业板开市交易，中国多层次资本市场进一步完善；国务院批准《深圳市综合配套改革总体方案》，标志深圳的改革开放进入新阶段。

2010—2020

2010 年深圳正式迈进大特区时代

国务院批准深圳经济特区范围扩大到深圳全市，深圳经济特区面积从 327.5 平方公里扩大至 1952.8 平方公里；国务院批复同意《前海深港现代服务业合作区总体发展规划》，明确把前海建设成为粤港现代服务业创新合作示范区。

2012 年前海成为我国金融业对外开放试验示范窗口

前海股权交易中心揭牌，首批 39 家深圳企业与该中心签订了挂牌意向协议；《国务院关于支持深圳前海深港现代服务业合作区开发开放有关政策的批复》正式出台，支持前海在金融改革创新方面先行先试，建设我国金融业对外开放试验示范窗口。

2013 年深圳市新的商事登记制度正式实施

《深圳保税区域转型升级总体方案》出台；推出全国首个 4G 即摄即传新闻直播应用；厦深铁路正式开通运营。

2014 年深圳机场码头开通往返香港船班

2015 年深圳前海开展平行进口汽车试点

商务部正式批复同意在深圳前海开展平行进口汽车试点；全国首张“多证合一、一照一码”营业执照在深圳市行政服务大厅诞生；深圳市互联网金融协会成立；全国首个跨境电商检验认证联盟——跨境电子商务检验认证联盟成立。

2017 年《深化粤港澳合作推进大湾区建设框架协议》全文公布

设立一号、二号、三号股权投资基金，作为支持特区人才创新创业的政策性基金，主要投向国家、省、市重点支持的战略性新兴产业、未来产业、现代服务业等行业，包括高技术、高成长、高附加值的项目以及国内外前沿技术等领域；国内首只金融科技指数在深交所上市；国家发展改革委公布《深化粤港澳合作推进大湾区建设框架协议》全文。

2019 年举全市之力推进粤港澳大湾区建设

深圳举全市之力推进粤港澳大湾区建设，增强核心引擎功能，深化深港澳合作，提升重大战略平台发展能级，打造“一带一路”重要支撑区，努力形成全面开放新格局；《中共中央国务院关于支持深圳建设中国特色社会主义先行示范区的意见》正式发布；深圳推出科改 "22 条”，率先实施 5G 战略。

2020 年深圳经济特区建立 40 周年

第五章
金融与资本的双循环之路

在“双循环”的新格局下，中国高水平开放的扩大离不开金融与资本的引领作用。展望“十四五”，以金融和资本市场开放为重要纽带，未来中国“内循环”有望构筑与全球“外循环”的新型良性互动模式。

金融业对外开放会给我们带来哪些机遇和挑战

在经济全球化遭遇挑战、国际金融市场震荡的背景下，我国金融业对外开放的大门越开越大。2019 年 11 月，国务院推出“金融开放 11 条”，允许外资机构在华开展信用评级业务，鼓励和放开外资对银行理财子公司、保险资管公司、货币经纪公司等机构的持股参与。证券、基金、期货公司的外资持股限制时间加速提前至 2020 年开放，之后瑞银、摩根大通、野村等外资券商相继提高其在国内合资券商的持股比至 51%。

2020 年以来，我国加快重点区域、重点领域的金融改革和开放。2 月 11 日，万事网联公司银行卡清算机构的筹备申请获批，标志着我国清算市场开放又获实质性进展。3 月 27 日，摩根士丹利、高盛集团宣布旗下合资券商的持股比例获中国证监会核准提高至 51%。5 月 7 日，我国明确并简化境外机构投资者境内证券期货投资资金管理要求，取消合格境外机构投资者（QFII）和人民币合格境外机构

投资者 (RQFII) 境内证券投资额度管理要求、取消托管人数限制等。6 月 13 日，美国运通成为首家获得我国银行卡清算业务许可证的外卡组织。6 月 18 日，摩根大通获批准外商独资经营摩根大通期货公司，摩根大通期货成为我国首家全资控股的外资期货公司。6 月 19 日，友邦上海分公司改建为友邦全资持股的寿险子公司友邦人寿，是我国首家获批的外资独资寿险公司。

金融行业的进一步对外开放会发挥“鲶鱼效应”，让国内金融企业在竞争中发展成长。

鲶鱼效应

不少外资银行在海外拓展、产品创新、业务综合化发展、风险管控、组织管理等方面拥有丰富的发展经验和较强的竞争优势，更深层次的对外开放能引进外资银行新的管理经验、产品体系和风险管控技术等，进而提升我国银行业的竞争实力。对于中国银行业在海外市场的经营发展，通过加强与外资银行股权投资、战略合作等，实现在海外市场的客户资源引荐、管理经验借鉴，提升在国际市场的竞争力。

中国银行业可以主动熟悉和适应国际规则，积极参与新规则和新标准的制定，使具有中国特色的金融业务规则、治理理念得到国际社会的更多认可和推广，特别是在评级准则、信贷标准、支付体系、贸易金融、普惠金融、绿色金融、金融科技等方面，不断提升在国际金融市场的话语权和影响力。

“内地居民赴港买保险”的压力和学习动力下，中国重疾险产品近几年在承保责任范围、保障灵活性、费率设计上发展迅猛，这是受到了其他国家和地区保险业发展经验的启发。开放的保险市场也有益于中国保险公司在家庭财产、网络安全、营业中断、环境保护等多条业务线上向外资同行学习。

证券业方面，外资机构的进入与资金参与，会改善证券市场参与者结构，减少市场的信息不对称现象，提升市场的整体定价效率。2019 年 A 股纳入 MSCI 指数和 Russell 指数的扩容范围，外资增量持续进入 A 股市场。外资机构投资者以约 4% 的市值比例，对整个市场的投资风格产生了积极的正面影响。同时，在一级市场的发行询价中，外资机构的参与能够协同更多机构投资者，发挥成长选股和价值投资作用，也正是我们持续坚持证券市场开放的有效成果之一。

与外资机构相比，国内券商在提高服务质量和客户体验方面重视程度弱。外资券商在高附加值服务，尤其是财富管理和其延伸的上下游业务中，竞争优势明显。外资券商机构提高控股权比例后，业务环境将更加具有竞争化态势。

对于期货行业，中国在国际贸易和分工体系中的参与度日益提高，大宗商品和商品期货方面的成交量也位居世界前列。2019 年，中国继续大量进口原油、天然气、大豆等大宗商品。其中原油进口量 5.06 亿吨，同比增长 9.5%，中国继续保持全球最大原油进口国的地位。天然气进口量达到 9656 万吨，同比增长 6.9%。大豆进口量为 8851 万吨，进口依存度继续保持高位。但受限于中国期货市场的开放程度不高，境外企业在国际贸易中通常会将美国、英国等国家的期货市场价格作为定价基准进行谈判。中国由于缺乏大宗商品定价权，导致期货交易中高昂的经济成本。

当前的国内外形势下，中国与“一带一路”沿线国家和地区的大宗商品贸易有很大潜力。可通过提升国内期货在“一带一路”国家和地区的影响力进而参与全球竞争，同时将境外交易者的价格发现和风险管理需求引入我国期货市场，来逐步提升中国的大宗商品定价权。

基金业方面，截至 2020 年 5 月底，我国一共有 44 家中外合资基金管理公司，其中 17 家外资持股比例达到 49%, 有 1 家持股比例达到 70%。来华展业的外资基金公司，其投研和风控历经周期、风险、危机和市场的考验，投资策略和理念较为成熟，能进一步改善我国投资者结构，为基金行业引入先进的制度经验和管理思想，推动行业规范发展。

中国国际经济交流中心副理事长黄奇帆认为，要拥有坚固的金融盾牌，做好金融供给侧结构性改革，来保护实体经济在金融战、贸易战中不受太大冲击。要进一步扩大金融开放，提高我国外资金融机构比重，外资金融机构的增多可以增加国内经济的供给、让我国金融系统在竞争中更加强壮。和国外金融机构的“你中有我、我中有你”的关系对于可能发生的金融处罚和制裁也是一种很好的防护。

外资的挑战

随着金融开放进一步深化，外资银行积极增资或新设相应的证券、保险、基金等非银金融机构，以实现在华业务的综合化经营，从而更好地发挥其在机构协同、交叉销售方面的竞争优势。未来我国可能会出现外资金融控股公司，这对于中资银行的综合化经营业务的发展带来了竞争和挑战。

目前我国银行业的国际化业务虽然发展较快，但仍处于起步阶段，不少银行的境外业务主要集中在我国港澳台地区和亚太地区。随着不少跨国大型银行积极加大亚太地区市场投入，进一步拓展亚太地区跨境金融市场份额，会给中资银行的国际化业务带来挑战。

保险业是数据密集型行业，其储存的个人或组织数据涵盖客户的多类身体隐私、财务特征和经济活动等有价值的信息。和发达经济体相比，中国对居民的隐私和数据安全的保护力度明显薄弱，中国居民也长期缺乏相应的自我保护和维权意识。保险市场上外资公司通过经营所得的信息可能会损害中国客户的隐私。

资本市场向外开放过程中与国际资金的联动加深，风险传染也会更加紧密，开放过程中仍需要以宏观审慎和混业监管的态度防范潜在风险。培育证券市场对开放资金流动的自我调节能力，避免出现因跨境资本流动对人民币利率、汇率造成影响。

期货行业方面，相比境外而言，境内期货交易所市场化程度弱，交易者了解的新兴交易技术有限，如大规模境外投资者进入，会冲击我国现货和期货市场，影响国际收支的稳定，增加外资操纵市场个别品种的风险，也对跨境监管提出更高要求。全面开放期货市场，特别是金融衍生品的管制，金融危机中被境外机构做空的可能性就会增加。

对于期货行业对外开放可能出现的种种问题，需加快推出相应品种的期货合约，完善产业链品种体系，根据市场投资者的需求推出相应的商品指数类产品、互换掉期合约、基差合约等。期货投资者方面，可重点引进国际机构投资者参与国内期货交易，改善国内期货投资者结构，拓展市场深度；期货公司可通过新设、收购等多种方式参与国际期货市场，学习境外先进的管理经验。

监管与合作

由于国内包括商业银行、期货公司等在内的金融企业与国外投行对市场、产业的研究相比，专业能力有所欠缺。国内金融投资者多以散户居多，保护中小投资者权益、积极提示风险对于监管层面和金融机构来说非常重要，如 2020 年发生的“原油宝”事件，中资银行业将国际金融市场面向机构投资者的衍生产品，通过各种结构化方式，改造拆分后引进国内市场，推荐给有需求的普通投资者，这些产品通常会挂钩原油、贵金属、农产品、境外股票、股权等标的，这里边的风险对于普通投资者来说不可谓不大。

金融业开放的监管方面也亟待相关法律规章的出台和完善。比如，中国期货市场没有相应的期货法，场外衍生品市场所遵循的交易制度和交易惯例缺乏有效的法律监管。需要加快推进制定“期货法”，引导投资者正确理解投资规则，完善期货市场因进一步开放在交易监测、资金监管、与境外的监管合作方面的法规政策，与国际市场进一步接轨。

境内外金融业的监管方面，中资机构“走出去”因面临其他国家的严格监管而困难重重。中资金融机构到美国展业，涉及的证券承销、面向机构投资者的证券经纪、并购财务顾问等业务牌照，须由美国金融业监管局颁发。对于背后股东有商业银行、规模较大的中资金融机构，则需至美联储申请“银行控股公司”，通常申请难度大。而且依赖牌照优势、业务同质化严重的中资券商，和外资投行在产品研发、运营、风险管理、跨境并购等方面有明显的差距，其在国外的发展空间也有限。

国内金融市场加快对外开放，外来证券投资已经成为影响中国国际收支平衡的重要力量。扩大开放过程中必须注意，所有的资本流动攻击都是从流入开始的，短期资本流动可能形成顺周期的超调风险，这些都是未来需要处理好的事情。

虽然近年来资本项目开放进程不断加快，但在资本市场投资、跨境融资、个人资本流动等方面仍存在限制，尚未实现基本可兑换。要在做好宏观审慎管理和风险可控的前提下，继续扩大人民币资本项目可兑换的范围以满足国内企业的融资需求。金融开放会导致跨境资本的频繁流动，随之而来的是潜在的流动性风险、反洗钱风险、汇率风险等，要实时动态监控境内外、线上线下的资金流动，及时发现、防范风险。

为使实体经济在金融战、贸易战里不受太大冲击，人民币和美元在资本项下不能自由兑换，只有等到人民币变成世界硬通货后才可以放开，而资本项下自由兑换的情况可能是10 年、20 年之后的事情。

张　乐　《中国经济评论》杂志主笔

以对外开放激活证券市场新发展

近年来，金融市场对外开放的政策措施陆续落地，对外开放的步伐也进一步加快。其中，证监会方面，允许合资证券和基金管理公司的境外股东实现“一参一控”、合理设置综合类证券公司控股股东的资质要求、放宽外资银行在华从事证券投资基金托管业务的准入限制、全面推开 H 股“全流通”改革、科创板制度创新、创业板改革并试点注册制、新三板改革等举措陆续落地；外汇局取消合格境外机构投资者 (QFII) 和人民币合格境外机构投资者 (RQFII) 投资额度限制；国务院金融稳定发展委员会办公室宣布的证券基金期货机构外资股比限制提前全面放开等在内的 11 条金融业对外开放措施；其余措施也取得重要进展，证监会修订的 QFII/RQFII 即将颁布，交易所债券市场开放也将加快推进等。

证券市场在不断开放中深化改革，A 股市场从 2000 年的 5 万亿市值，逐步成长到现在近 4000 家上市公司共 64.8 万亿规模，主板、创业板、科创板等多层次资本市场有序开展。其成长由中国市场的经济潜力与不断激发的要素活力所驱动，同时也得益于证券市场持续对外开放所带来的积极效应。

开放中增强竞争力

中国的证券市场目前以散户为主导，和发达国家的证券市场相比，机构投资者数量和参与度较低，一系列对外开放的举措可以改善证券市场的投资者结构。活跃和专业的市场参与者，将减少市场中的信息不对称现象，提升市场的整体定价效率。比如美国，个人投资者持股市值在市场中的占比逐年减少后保持在 35% 的水平，与之对应的是共同基金和 401K 养老基金等机构持股比例的增加。更为重要的是，美国证券市场接受全球范围内的上市公司和投资者，长期稳定在 20% 左右的国际投资者是美股交易和定价的重要贡献力量。港股市场也同样具有这一特征。得益于香港市场的国际化程度，持有国际资金的机构投资者贡献了港股超三分之一的成交量，加快了市场中的信息流动并提高定价效率。

外资券商机构在提高合资证券公司的控股权比例后，有助于提高公司的运营活力和执行效率，开放市场下的业务环境将更加具有竞争化态势。《资管新规》以及相应的制度文件重新厘清了证券公司等机构与客户之间的受托关系，过渡期前后范围内，正是券商机构面临考验之际。对弱于重视服务质量与客户体验的内资机构而言，外资券商在高附加值服务业务，尤其是财富管理和其延伸的上下游业务中，具有明显的差异竞争优势。短期内，随着金融市场的扩大开放，国内券商或将面临加剧的竞争环境，市场业务模式、产品主动管理能力等多个方面面临挑战。但竞合格局将历练行业人员的真正能力，结合金融科技的赋能，具有竞争力的证券服务机构在开放环境下将脱颖而出。同时，通过开放证券市场将引入成熟资本市场的投资和服务逻辑，个人和机构投资者将能够获得更全面和更多元的金融服务，通过与国际先进机构长期深度交流，满足投资所需。

通过证券市场的开放，培育一批具有国际业务能力和金融创新实力的证券机构，也符合证券行业发展所需。结合最近中美证券市场间的制度差异冲突，美国表决法案对中国公司进行不对等的制度干预的情况，我们需要支持内资证券机构继续提高开展国际业务能力，掌握上市定价、业务制度等方面的主导权，避免治理不确定性因素，保障海外上市公司常规经营的稳定性，并最终提升中国企业的国际业务实力和人民币的国际化影响力。

双向开放加快推进

2020 年陆家嘴论坛上，证监会主席易会满表示，下一步将加快推进资本市场高水平双向开放，持续深化资本市场互联互通，进一步优化沪深港通机制，扩大沪深股通的投资范围和标的。不断丰富内地和香港全方位多层次务实合作，进一步完善沪伦通业务，拓宽 ETF 互联互通，推进上海国际金融中心建设，支持巩固香港国际金融中心地位。

中国成为全球资本市场中心的发展前提，首先是要有一个相对稳定的货币交易市场份额，其次是一个相对稳定的货币价值，两者通过以人民币计价的贸易结算和证券投资形式发挥实践价值。前者自中国启动人民币国际化进程以来，在交易、结算和储备方面取得一定进展，人民币正逐渐向外“走出去”。后者则通过中国证券市场的持续开放，以 A 股纳入国际市场指数、QFH 和 RQFII 额度取消等方式，持续加深证券市场与国际的紧密连接，国际资金逐步地“走进来”，都提升了证券市场的国际化参与程度，并稳定人民币币值。

以其他国家证券行业开放的历程为鉴，资本市场向外开放过程中伴随着与国际资金联动加深，风险传染也会更加紧密。因此开放过程中仍需要以宏观审慎和混业监管的态度防范潜在风险。建立健全市场制度，培育证券市场对开放资金流动的自我调节能力，避免跨境资本流动对人民币利率、汇率等造成冲击。但毋庸置疑，以开放迎接发展是中国证券市场深化改革的持续主题，不仅对整个证券市场的融资结构、信息效率、竞争活力等方面具有重要意义，同时也肩负着未来中国成为全球资本市场中心的重任，在未来全球经济一体化过程中，继续与世界共享中国的改革开放成果。

邵　宇　东方证券首席经济学家

齐鲁骏　东方证券博士后

第六章 中国企业“走出去”的前世今生

对外开放是中国的基本国策。在引进来和走出去并举的过程中，中国企业得以直接与国外成熟企业进行模仿学习、思痛升级、创新竞争，并最终以自主品牌走向国际市场经受检验。如今我们身处并不乐观的国际贸易环境与逆全球化思潮中，但全球化趋势不可逆转，我们依然要积极推动外循环，以更开放的姿态进行全球布局。

从联想、吉利、福耀走出去看外循环曾经的成功

在引进来和走出去并举的过程中，中国企业得以直接与国外成熟企业进行模仿学习、思痛升级、创新竞争，并最终以自主品牌走向国际市场经受检验。

伴随改革开放和加入世贸组织的大背景，在“引进来、走出去”的政策加持下，中国大门越开越大。联想、吉利、福耀玻璃等中国企业或通过并购成熟海外业务，或到海外直接投资建厂，成功拓展国际市场。在当时的特定时点上，不仅企业自身得以快速成长升级，也为中国的自主品牌发展贡献了重要力量，同时这些案例足以成为后来企业的镜鉴。

1. 联想：推开并购之门

2004 年，联想集团收购 IBM 全球 PC 业务，一跃成为全球第三大 PC 制造商，并成功跻身世界 500 强。这次交易是联想全面国际化的开端，也是中国民营企业巨额海外并购的最初探索之一。

2001 年 12 月，中国正式加入 WTO。这是一场经历了 15

年的漫长谈判，在继 1979 年改革开放之后，“全球化”的呼声伴随着入世再次高涨。如当时的其他中国民营企业一样，从落后市场进入欧美成熟市场，面对专利和技术壁垒，联想国际化探索并不十分顺畅。面对成本和渠道组建上的巨大困难，对于当时的联想而言，资本收购成为最合适的方式。

该年 12 月 8 日，联想宣布将以总价 12.5 亿美元现金和股票收购 IBM 的全球 PC 业务，同时 5 亿美元净负债转移到联想名下，交易总额达到 17.5 亿美元。与此同时，IBM 持有联想集团 18.9% 股份，成为其第二大股东。

这场收购划算成功么？如大家所见，事后分析时对这桩收购通常带着某种遗憾或者复杂情绪。即便是在收购前，联想内部分歧也曾十分大。毕竟决定出手时，全球 PC 业务已近迟暮，IBM PC 业务已经连续数年亏损，几乎没有人认为这会是一桩成功的交易。

国际化

那么，联想希望通过并购得到什么？

当时联想缺乏核心技术和自主知识产权，在全球市场上品牌认知度不高，且缺乏销售渠道。而 IBM 恰好拥有覆盖全球的品牌知名度、世界领先的研发能力以及庞大的分销和销售网络。当 IBM 第二次提出出售 PC 业务的建议时，因与联想当时的战略相符，联想在评估后决定出手。值得一提的是，走贸工技路线还是技工贸路线的争论在当时还在持续，联想此次并购或许也有以资本解决技术的意味在内。

当时，为进一步提升国家的竞争优势，我国政府将企业“走出去”提上日程，将企业海外扩展摆到重要的战略高度并多次出台鼓励政策，这也为联想并购 IBM 的 PC 业务打下了一定的基础。

联想其实很早就开拓国际化市场。1988 年开始，联想就开始了“海外拓展计划”。4 月 18 日，创始人柳传志带领全公司在北京人民大会堂召开“进军海外誓师大会”。此后在香港，联想建立起自己的生产基地，并实现了从贸易到生产的转型，通过“Q286 微机”迅速打开市场。1994 年，联想在香港上市，此后连续三年市场份额持续上升，并稳定占据中国第一。

2000 年起，联想先后建立了 7 个海外办事处。尽管联想在国际化探索上付出了大量的资金和人力，但效果有限。到 2003 年，联想还是只有 10% 的销量来自海外，全球市场份额仅仅 2%, 远远落后于 16.8% 的戴尔和 15% 的惠普。

2004 年，联想为收购支付的 12.5 亿美元现金几乎相当于联想 73% 的市值，这无疑是一次“蛇吞象”。

确实难以消化。在收购后的 5 年时间里，联想与 IBM 处于持续的磨合之中，并在 2006 年进行了一次裁员，尽管柳传志表示这次人事变动过渡平和，但联想的业绩一直摇摆不定，甚至在受到国际金融危机影响后，发生了严重亏损。2009 年 2 月，联想领导层改组，柳传志重新担任董事长，此后连续 5 个季度，联想超过所有竞争对手和主要行业厂家，占据 PC 市场全球第一。

完成并购后的第七年，柳传志才终于松口：“我认为并购算是成功了。”

思考

2018 年年底，在接受澎湃采访时，杨元庆表示作为最早的一批民营企业，联想的成功“首先是抓住了改革开放这个大的时代机遇”。

当我们评价这些并购案例，或许也应当放到当时的大背景去考量，少以苛责。而当企业作为并购参考时，又当作为镜鉴反复思考。

我们无法假设，如果联想不收购 IBM PC 业务会怎样，毕竟同样以台式机起家的同方、方正、紫光等都已黯淡退场。

2. 吉利：突破常规逆袭

联想收购 IBM 5 年后，国内又一家民企收购案被看作同样的“蛇吞象”。2010 年 3 月 28 日，吉利控股集团收购福特汽车公司旗下沃尔沃轿车公司的全部股权及知识产权。

吉利因以小博大，以 18 亿美元接手估值 300 亿美元的沃尔沃，低价获得优质海外资产，堪称完美精彩。

准备

“在全球经济一体化，中国加入世界贸易组织以后，中国的汽车行业按照常规的成长方式还能不能形成竞争力？我深表怀疑。”收购沃尔沃，或许是李书福对自主品牌升级反思的重要结论之一。为此李书福八年一梦，做了大量调研和准备。

凭借敏感的商业嗅觉和对经济规律的判断，从 2002 年起李书福就断言通用、福特等企业迟早要遇到困难，到时会卖掉萨博、沃尔沃、英国莲花等企业。“未来我们要收购沃尔沃或萨博这样的企业，从现在开始你们就收集资料、进行准备。”说这句话时，吉利刚拿到轿车准生证一年，新上市车型三款，年销量不足 5 万辆。

2005 年，与华晨汽车副总裁赵福全见面时，李书福再次重复了想买沃尔沃的想法。这时，吉利年销量不足 15 万辆，销售收入不足 70 亿元人民币。而此时沃尔沃在全球卖 40 万辆豪华车，销售收入是吉利的 10 倍多。2007 年，吉利也曾计划收购捷豹、路虎等，但收购金额上与印度塔塔集团相去甚远，最终花落印度塔塔。但此时的吉利高层已开始频繁与咨询公司、跨国财团接触，为沃尔沃的收购打下坚实基础。

李书福不断坚持、准备，终于靠近属于吉利的机会。2009 年，《汽车产业调整与振兴计划》出台，给国内汽车行业注入一剂兴奋剂。与此同时，吉利就购买沃尔沃一事迅速向国家发改委备案。

中国在 2010 年已成为全球第一大汽车市场，引进来的跨国汽车品牌掌握技术话语权，合资企业以“市场换技术”尚未取得更好进展，发动机、变速器、底盘等核心工业技术仍受制于人。此前不乏国内车企海外并购案例，或溢价收购、或并购后受制工会难以发展，这些都给吉利以经验提醒。

吉利谈判的主张一直是沃尔沃的核心技术，李书福不希望“只收购到表面”，他希望绕开发达国家在知识产权上的控制，为此寸土必争，谈判异常艰苦、反复。最终签约协议页数超过 1 万页。

此次并购，双方交易价格为 18 亿美元，吉利获得沃尔沃轿车 100% 股权以及相关资产（包括知识产权）；吉利将保留沃尔沃瑞典总部、沃尔沃瑞典及比利时工厂；吉利将在中国投建沃尔沃中国工厂，产能 30 万台。

作为一家民营车企进行这样一场海外收购，过程曲折艰险，但吉利受到了来自政府层面的支持，当吉利向政府提交收购意向时，得到了肯定答复。这也是李书福在国内媒体发布会上，感谢改革开放巨大成就给他一个参与全球产业布局机遇，感谢国家发改委、工信部、商务部和其他中央政府机构大力支持的原因。

逆袭

比起 2004 年联想并购 IBM PC 业务，吉利对沃尔沃并购意志更为坚定决绝和破釜沉舟。李书福在 2009 年 7 月 30 日的内部会议上说“这回把身家性命都押上了”。

恰恰好的是，赶上欧美金融危机这个抄底机会。

美国房市泡沫从 2006 年开始破裂，两年后演化为全球性经济危机，美国汽车业裹挟其中遭受重创。底特律三大汽车行业巨头福特、通用、克莱斯勒向国会不断游说，寻求信贷支持无果。股票遭受接连抛售，现金流异常紧张。

危机中上任的福特 CEO 穆拉利大刀改革，转向“一个福特”战略，接连出售捷豹、路虎、阿斯顿马丁等豪车品牌。但是否出售沃尔沃，福特一直犹豫不决。直到 2008 年 12 月初，坚持不住的福特汽车在官网公布：以 60 亿美元挂牌价出售沃尔沃汽车公司，以筹措现金及应对金融危机造成的业绩下滑。

1999 年，鼎盛时期的福特用 64.5 亿美元买下沃尔沃，这是当时全球最受关注的汽车收购案。之后沃尔沃自身研发投入以及福特与沃尔沃的合作研发投入总计超200亿美元。虽然2007年沃尔沃产品的销量和利润已经开始走下坡路，但沃尔沃总体财务情况仍然比较好。如果不是油价上扬和原材料成本走高使福特营收下滑，以及缺乏资金开发新品，福特不会如此坚定的出售沃尔沃。为沃尔沃寻找一家好的买家，福特十分慎重。吉利准备充足并经过了严苛的审视，最终以18亿美元成为并购赢家。

并购沃尔沃之后，李书福说到“吉利最后不一定成功，但我们走的这条路是正确的”。这次并购背后是全球产业转移大浪潮下的必然进程，同时暗含中国汽车民营企业的艰难成长，更有整个中国品牌自主升级的探求。一条不想被淘汰就必须向前走的路。

李书福八年一梦成真，个中艰辛坎坷得以偿报。而吉利之路，也成为民营企业用好国内国际两个市场、两种资源，“走出去”实现开放发展的生动缩影。在这10年时间，沃尔沃从一家依赖于忠诚度高但逐渐减少的北欧客户群的较小规模公司，转变为一家在三大洲生产的全球高端汽车品牌。在将欧洲的工艺和技术与中国的效率和灵活性相结合上，沃尔沃的发展成了教科书上的一个好例子。

此后吉利不断扩张国际化版图。自2010年开始，李书福通过资本运作，用不到 8 年的时间连续将沃尔沃和沃尔沃集团股权、宝腾、路特斯、伦敦电动汽车收入囊中。通过在境外建立生产基地、设立研发中心、海外并购、海外上市等系列操作，吉利得以进一步延伸产业链，在全球范围内优化资源要素配置。

3. 福耀：以坦诚至信任

吉利收购沃尔沃后，又过 4 年。曹德旺到美国投资建厂。2008 年 12 月，通用汽车位于俄亥俄州代顿市的旧工厂正式关闭，当地 2000 多名工人就此失业。2014 年年底，曹德旺接手这里，开办起福耀玻璃美国工厂，沉郁的铁锈地带工人重燃希望。2016 年 10 月，福耀美国工厂竣工投产，并于 2017 年扭亏为盈。

由于这个废弃的通用工厂已建有 18 万平方米，改造费用只需要 4000 万美元。加之新建玻璃厂可解决当地人口就业，美国政府给出了税收、燃气和用电等优惠政策。虽然美国的人工成本要高于国内，但直接在美国设厂后，产品直供美国市场可节省运输成本和关税。综合计算，对曹德旺来说，建这个厂是划算的。

认可

因经营有道，福耀美国工厂取得了多维度的成功，曹德旺在令媒体和企业家起敬的同时，也取得了来自政府层面的认可——这其中也包括美国政府。

2020 年 1 月 6 日，美国俄亥俄州的州长、副州长代表州政府在福耀美国公司向曹德旺颁发表彰信，表彰曹德旺对该州发展所作的杰出贡献。

资料显示，自 2014 年以来，福耀已在美国投资超过 9 亿美元，在 5 个州进行战略布局，具备从玻璃原片、汽车玻璃制造、玻璃包边、设计服务、销售为一体的全流程、全供应链体系，并创建了世界上规模最大、最具创新力的汽车玻璃制造工厂，可为全美四分之一的汽车提供玻璃。2019 年，福耀美国连续第三年实现盈利，并计划在 2020 年新增 100 多个工作岗位，投资 4600 万美元进行一个新项目生产线的升级改造。

几乎同时，1 月 7 日上海，埃隆 · 马斯克在国产版 Model3 首批车主交付仪式上兴奋起舞，并高呼“没有中国政府，就没有这里的奇迹”，表达了对中国政策、中国市场、中国速度的赞叹与感激。仅仅一年时间，特斯拉上海超级工厂 (Gigafactory 3) 就从一片荒地里拔地而起，并做到迅速投产交付。无论工厂建造速度还是 Model3 的制造成本，都远远低于美国本土，此前危机险境百般困顿的特斯拉在中国重生。

中美两国的企业家曹德旺、马斯克交换了主客场，分别到对方的国家投资设厂，并在营收利润、品牌知名度、市场认可度上取得极大成功。同一时代，两个故事，构成全球化最好的注脚。

美国俄亥俄州州长在表彰信中表示，福耀集团在美投资，创造了大量就业机会，刺激了当地经济增长，对迈阿密河谷的发展产生了显著影响，并希望福耀在该州的成功能够带动更多中国企业前来投资。

表彰仪式上，曹德旺表示福耀愿意和其他美国企业公平竞争，靠实力取胜，在透明、平等的投资环境里继续进取和创新外，还提到信任一词。"信任对中美关系尤为重要，中国过去几十年的经济增长和市场开放，给美国公司带来很多机遇，同时，中国也受益于美国公司对中国的投资。大家目光放远一点，不要拘泥于一时一事，也不要因为一时一事而放弃长期合作建立起来的信任。"

坦诚

获得92届奥斯卡最佳纪录片奖的《美国工厂》，记录了福耀在美国建厂一事。在《美国工厂》这部影片里，曹德旺以最大开放的态度和行为，向摄制组展示了福耀运作的一切。曹德旺的办公室可以拍，高层会议可以拍，车间可以拍，与工会的斗争策略研究也可以拍。

开放是全球化运作需要的特质。同时它也带来异视角的观察与碰撞。

影片最有意思的是思维方式的冲撞，一系列情节不亚于一部情节复杂、起承转合的故事片。其中包括与工会的斗争、员工要搭雨棚李书福说不会下雨不要搭、高管指着劳作中的工人向李书福汇报未来机器将替代“那四个工人”。观天象这种美国人看不懂的“中国式玄学”，背后其实也是曹德旺的商业经验积累的一部分，在相同纬度的不同国度投资，投资前要连气候都要深入研究。

《美国工厂》这部影片总共拍摄了 4 年半时间，资料片长度 1320 个小时，最后剪成了 1 小时 40 分钟。上映前，导演请曹德旺先看。曹德旺认真看了三遍，表示不需要重剪，且想怎么放映就怎么放映。颁奖典礼上，纪录片导演因此片获奖，因疫情未能去到现场的曹德旺录了祝贺视频，一如既往地坦诚：我接受一切批评。

曹德旺事后知道，没人会让纪录片随便拍，包括美国企业在内。但姿态的开放是全球化商业交流的前提，这说明曹德旺是坦诚的。至于技术，“如果他拍一下可以把我的技术偷走的话，那是我的失败”，曹德旺说。“我知道你们用你们的创作手法没有少批评我，但我还是很感谢你们，我会很客观地接受你们的批评。因为我将来继续在美国开办工厂时，这些批评对我用什么样的方式和态度把工厂做得更美国化很有帮助。谢谢你们。”

“做人像玻璃一样透明”是曹德旺的行事原则。“我们开诚布公，脚踏实地，彼此就会增进互信与理解。”无疑的是，曹德旺本人有着自觉的融合意识，这表现在他的坦诚。这恰好也与美国文化高度契合。

曹德旺不仅坦诚，更有他的倔强和坚持，这表现在工会的斗争中。影片一开头，就有人问招工人员有没有工会？回答：没有，但我们会保护员工利益。纪录片中，比起训练有素整齐划一的中国车间工人，美国工人显得散漫、效率低，不受管理束缚，而且“不能管，一管他找工会去了”，美国企业素有的工会传统让李书福十分头痛。曹德旺认为通用汽车就因工会而死，他接手后玻璃厂不可以再有工会，”工会进来我就不做了”。有支持者在车间高举“支持工会”的牌子，聚集者在工厂门口齐喊“人权”“工会”的口号，有舆论质疑工厂不能安全生产……为此，李书福不介意全面展示工厂的“反工会”手段，例如雇佣专业领域咨询公司的翘楚“劳动关系研究院”、如法炮制发起“VoteNo”运动、给不支持工会的人增加两美元时薪……重要的是，美国式工会被成功踢出工厂。当然，为此种种他也要面对争议。

截至目前，福耀集团已在中国、美国、德国、俄罗斯等全球11个国家和地区建立了从设计研发、原材料制造、设备研发，到玻璃生产和功能性玻璃加工的完整产业链，产品得到宾利、奔驰、宝马、奥迪等全球顶级汽车制造企业及主要汽车厂商的认证和选用，成为全球最大的汽车玻璃全解决方案提供者，也成为名副其实的大型跨国工业集团。

曹德旺领导的福耀，有坦诚、有融合、有斗争、有策略，取得了当前在民间交流以及政府层面的最好成功。为出海准备了19年的福耀，有良好的心理应对和商业经验储备，摩擦依然不断，但经验已足可借鉴。

4. 开放、融入

在为《又是李书福》一书作序中，柳传志说“中国企业联手走向国际，创造出属于中国的国家品牌，是我们共同的责任。”

曹德旺则说，“品牌也是钱，海外市场认品牌。品牌是人品、产品、品质的凝结。”

改革开放后，中国企业遇到有始以来最好的经营环境。在引进来和走出去并举的过程中，中国企业得以直接与国外成熟企业进行模仿学习、思痛升级、创新竞争，并最终以自主品牌走向国际市场经受检验。

站在逆全球化势头猛起的此刻回望，柳传志、李书福、曹德旺这些企业家一路的经验教训，格外值得珍视与思考。在特定的历史背景下，中国企业选择何种方式拓展国际市场？如何应对并购过程中的政治风险？并购后，又该如何处理不同公司之间运营差异、管理模式、文化融合？柳传志、李书福、曹德旺们的出海故事，值得一读。

陈　芬　《中国经济评论》杂志执行副主编

从国外对华反倾销看不平坦的外循环之路

2020 年，新冠肺炎疫情在全球蔓延，增加了全球投资和世界经济的下行压力，经济全球化面临严峻挑战，给开放合作带来更多不确定不稳定因素。在疫情让全球产业链供应链循环受阻、贸易保护主义抬头的氛围之下，习近平总书记提出，要逐步形成以国内大循环为主体、国内国际双循环相互促进的新发展格局。

改革开放 40 多年来，中国一直坚持对外开放的政策没有动摇，中国对外开放的大门只会越开越大。但这条开放的路从来不是平坦的，经历了诸多风波与起伏。在震荡之中，感受最为直接的恐怕是致力于走出去的中国企业。

回顾加入全球化浪潮后的中国企业，发现很多企业总会遭遇相同的困境，其中比较典型的就是接受来自别国的反倾销调查。

通俗来讲，“把一国的产品用低于该产品的正常价格销入另一国”就是倾销。反倾销有两种，一是本国产品出口到国外，国外政府采取的反倾销措施；二是国外产品进入本国，本国政府采取的反倾销措施。反倾销成为一种被世界各国普遍认可和广泛接受的限制进口的手段，有保护本国企业的色彩。

开放与入世：初遇反倾销

国际反倾销在 20 世纪 70 年代以前并未引起人们的注意，当时各国关税还比较高，并存在上量配额限制进口。

中国初见反倾销，是 1979 年，欧共体对来自中国的糖精钠及其盐类实施反倾销调查。那时的中国对反倾销制度相当陌生，此时的中国正处于改革开放之初，出口额并不大，偶尔有个别反倾销的案子并不会影响总体出口水平。因此没有引起主管部门更多的注意，中国的企业也没有出庭应诉。

1979 年以后，各国对反倾销的使用更加频繁，使得反倾销的保护主义色彩更加浓烈。

自 20 世纪 80 年代到 90 年代外方向我国提出的反倾销诉讼中 , 有相当一部分案件因无人应诉而造成我方败诉。1990 年是一个节点。80 年代末 90 年代初，中国开始跻身世界贸易大国。

1993 年中国遭到反倾销案 45 例，达到全球的 15%,1996 年 43 例，达到全球的 19.4%, 也就是说，全球反倾销案例中，每 5 个案例中就有 1 起是针对中国的。

随着关税降低及非关税壁垒的逐步减少，尤其是配额、许可证等措施的限制使用，反倾销措施被各国普遍采用。

接着，中国就接到美国、欧盟、加拿大、澳大利亚以及一批发展中国家如印度、巴西等国的反倾销诉讼。90 年代的中国几乎成了众矢之的，从 1996 年开始，中国基本上每年都是世界上受到反倾销调查最多的国家。据外经贸部的统计，至 2000 年外国对华反倾销案共有 450 起，涉及数百亿美元，对我国的出品商品构成严重威胁。

2001 年，中国加入世界贸易组织（WTO），标志着我国对外开放进入一个崭新的阶段。我国将由以前有限范围和有限领域内的开放，转变为全方位的开放。

世界贸易组织成立后，关税保护措施受到极大限制，技术保护措施日益受到各国的高度重视。这也成为我国“入世”后最难逾越的贸易壁垒之一。

坚定开放：迎战反倾销

2001 年 10 月，温州打火机协会收到了来自贸易合作伙伴欧洲打火机进口商协会的一份电函。这封电函的内容并不“友好”，温州打火机协会被告知欧盟正在拟定进口打火机的 CR 法规草案。

CR 法案的核心内容是规定进口价格在 2 欧元以下的打火机，必须要加装一个 5 周岁以下儿童难以开启的装置即安全锁，否则不准进入欧盟市场。这个法案意味着温州的出口价在 2 欧元以下、装有燃料的玩具型打火机将遭受重创并被挤出欧洲市场，出口贸易必将受到重创，企业损失重大。

温州打火机物美价廉，品种繁多，使得全球打火机生产从欧美、日韩逐渐转移到中国，打破了此前的垄断。加入 WTO 后，卸去关税压力的中国打火机产业，极大释放了低成本优势，给国外的竞争对手制造了巨大压力，继而启动有关程序拟定涉及该法案。

这是中国加入世贸组织以后，在国际贸易方面第一次遭遇来自 WTO 成员方的反倾销调查，也是一起利用国际贸易技术壁垒保护本国产业的典型案例。该法规于 2002 年 4 月 30 日获得通过，并将在 2004 年强制执行。

CR 法案通过之后，2002 年 6 月，欧盟又就温州打火机正式立案，对出口的一次性燃气式袖珍打火机进行反倾销调查。这次目的很明确——通过对中国企业征收高昂的反倾销税，把中国打火机关在欧洲市场大门外。

这对中国企业来说，注定是一场硬仗。但温州打火机行业没有放弃，而是吸取经验教训，反应迅速，积极应诉，2003

年 7 月 15 日，欧盟决定停止对我打火机反倾销案的调查。在这场中国入世后民营企业应诉反倾销第一案中，中国企业从中初步学会了 WTO 和国际贸易游戏规则。

仅在中国加入 WTO 这一年中，中国企业就遭遇了不止一起反倾销调查。

2001 年，来自中国的企业福耀玻璃就遭遇了来自美国和加拿大两个国家的反倾销调查。2001 年底，加拿大国际贸易法院向包括福耀玻璃在内的中国汽车玻璃行业发起反倾销调查。作为企业领头人的曹德旺立刻成立专门的反倾销应诉办公室，并派出工作小组参加加拿大国际贸易法院的公开聆讯，向法庭展示了大量的事实，经过 8 个月的艰苦应诉，2002 年 8 月 30 日，加拿大国际贸易法院裁定，来自中国的汽车玻璃在加拿大的销售不构成侵害。福耀取得了这次反倾销调查的胜利。

而应对美国商务部的反倾销调查时间则持续很久。2002 年 4 月，美国商务部裁定福耀在美国的倾销幅度为 11.8%。福耀随即向美国国际贸易法院正式提起上诉，认为美国商务部的裁决明显存在对中国企业的歧视，并明显违背了 WTO 原则。

2001 年 -2004 年，曹德旺带领福耀团队艰苦奋战，2004 年 10 月，仲裁结果出炉：美国商务部以后对福耀玻璃仅征收 0.13% 的关税，预计可返还约 400 万美元税款。福耀玻璃也成为中国第一家状告美国商务部并赢得胜利的中国企业。

2003 年 5 月 2 日，一份以美国五河电子公司等三方为原告，针对中国向美出口的高端彩电的反倾销诉讼起诉书被正式递交给美国商务部和美国国际贸易委员会。在被起诉者中，中国主流彩电企业长虹、康佳、创维、海尔等均在列。

在美国贸易委员会作出裁决的第一阶段，除了以中国机电商会牵头的联合律师联合申辩外，康佳、长虹、厦华等涉案企业都选择聘请律师单独应诉。在反倾销调查的第二阶段，很多企业依然选择了独立应诉。

很遗憾，最后这场历时一年多的中国彩电业应诉美国反倾销一案，以中方失利而告终。被起诉的中国企业中，没有一家企业能够逃脱被征收反倾销税的结局。美国商务部给出的最终倾销幅度为：厦华 5.22%、康佳 9.69%、长虹 26.37%、TCL21.25%，其他应诉企业 22.94%、其他未应诉企业 78.45%。

中国彩电早在 20 世纪 80 年代开始出口欧洲，但后来因受到欧盟反倾销的影响，基本被排挤出欧盟市场。如今在美国市场也遭遇了同样的反倾销调查，可以说是一记重创。

在中国加入 WTO 之后，更多国外的商品涌入国内，同时有更多的中国制造走向了国际市场，中国与世界的联系愈加紧密，融入了全球化的浪潮。2001 年我国进出口总额 0.51 万亿美元。

从 2001 年到 2005 年的 5 年中，世界上每 7 起反倾销案件中就有 1 起涉及中国，这使得中国连续 10 年成为遭遇反倾销调查最多的国家，反倾销调查行业涉及钢铁业、轴承业、家具业等。

中国的加入显然给 WTO 的其他盟友带来了竞争压力，在一次又一次的反倾销调查中，保护本国企业不受冲击。而中国企业由于入世不久，并没有太多反倾销应诉的经验，导致打了不少败仗。

时间到了 2008 年，由美国次贷危机引发的国际金融危机不断蔓延和深化，国外贸易保护主义进一步抬头，一些国家加大了技术性贸易壁垒的强度，纷纷采取各种技术性贸易措施保护本国利益。

彼时，我国光伏产业发展势头强劲，增长幅度很快。欧美国家是我国光伏出口的主要对象国，对美国的出口占比为 15.56%，而欧美国家共同占据了总出口的 70% 以上。

2011 年 11 月，我国光伏产品（包括太阳能电池、板）遭到了美国的反倾销调查，指控项目有出口补贴、优惠税率、优惠贷款利率等。2012 年 10 月 10 日，美国商务部做出终裁，决定征收 18.32%—249.96% 的反倾销税。其中征税对象有晶体硅光伏电池、电池板等。

雪上加霜的是，2012 年 9 月，欧盟也正式宣布对华光伏组件、关键零部件如硅片等发起反倾销调查，涉及产品范畴超过美国的反倾销调查，涉案金额超过 200 亿美元，是迄今为止欧盟对华发起的最大规模贸易诉讼。

这对已入寒冬的中国光伏企业可以说是致命性的打击。从 2011 年美国对中国光伏产品进行反倾销调查以来，中国光伏产品出口急剧下降，2011 年到 2012 年期间，跌幅为 42%。美国对我国光伏产品的调查使出口受到了重大的影响。

2013 年 6 月 4 日欧盟委员会宣布，欧盟自 6 月 6 日起对产自中国的太阳能电池板及关键器件征收 11.8% 的临时反倾销税。如果中欧双方未能在 8 月 6 日前达成解决方案，届时反倾销税率将升至47.6%。临时税率将维持6个月直到12月份，此后欧委会将决定是否对中国产的光伏产品征收永久性关税，一旦征收，该关税将持续 5 年。

国际金融危机的蔓延导致各国为了保护本国企业而加大了贸易壁垒的强度。从 2012 年起，中国出口额和外贸总额增速开始放缓。2015 年，外国对中国商品动用贸易保护措施 87 次，2016 年上升至 119 次。钢铁、化工和轻工产品是主要反倾销目标。之后几年中，这一清单上又增加了风能设备、太阳能电池板、电信设备和移动电话。

2017 年 10 月 18 日，习近平总书记在十九大报告中指出，推动形成全面开放新格局。中国开放的大门不会关闭，只会越开越大。

2018 年 3 月 22 日，美国总统特朗普签署总统备忘录，依据“301 调查”结果，将对从中国进口的商品大规模征收关税，并限制中国企业对美投资并购。

有数据显示，中国近年来一直是遭受反补贴和反倾销调查最多的国家，这与中国出口占全球份额达历史高点有关，中国企业在出口过程中遇到此类调查越来越普遍。据中国商务部贸易救济网统计显示，2019 年国外对中国产品启动的反倾销调查多达 63 宗、反补贴调查 9 宗，另有 30 宗保障措施调查。其中对中国产品立案数量最多的是美国、印度等国。虽然在《关税及贸易总协定》中对反倾销问题做了明确规定，但实际上各国各行其是，仍把反倾销作为贸易战的主要手段之一。

不平坦的外循环之路

在中美贸易摩擦并未完全消失的背景下，2020 年，全球经济又遭遇了新冠肺炎疫情的冲击，世界经济深度衰退，经济全球化遭遇逆流，产业链供应链循环受阻，国际贸易投资严重萎缩，大宗商品市场动荡不安，国际上保护主义思潮上升，地缘政治风险明显增强。

在这样的背景之下，习近平总书记提出，要逐步形成以国内大循环为主体、国内国际双循环相互促进的新发展格局。尽管我们还是坚持开放的大门不会关闭，但在贸易保护主义抬头的氛围中，形势也并不乐观。

2020 年 8 月 14 日，欧盟委员会发布公告称，应欧洲铝业协会的请求，对原产于中国的平轧铝材产品开启反倾销立案调查。

8 月 17 日，印度商工部发布公告称，对原产于或进口自中国内地和香港特别行政区的亚麻含量超过 50% 的亚麻织物作出第二次反倾销日落复终裁，建议继续对涉案产品征收反倾销税。

其他国家对中国企业的反倾销调查仍然在继续，对于华为、微信、抖音等中国高新企业与互联网企业的围剿逐步升级，这为外循环更加良性运转起来增加了难度。

对外开放是中国的基本国策，一直以来没有动摇过。在现在的时代背景下，也依然坚定开放的态度。这条开放之路一步步走来，从来不是平坦顺利的，如今我们身处并不乐观的国际贸易环境与逆全球化思潮中，也和以往一样，是在这个时代背景下的一次考验。

突如其来的疫情总会过去，全球化的趋势不可逆转，我们依然要在全球化的过程中积极推动外循环，以更开放的姿态进行全球布局。

郝　杰　《中国经济评论》杂志执行主编

封锁与突围：走出去的中企如何走过至暗时刻

来自美国的不合理制裁仍在不断加码，制裁名单上的中国企业、机构、高校也越来越多。而在这份不断扩充的名单上，已经遭遇封锁多时的华为和最新列入榜单的 TikTok 和微信，得到了更多的聚焦与关注。透过美国的制裁措施，不难看出以美国为代表的国家在面对中国走出去的优秀企业时的矛盾心态。

客观而言，上述几家来自中国的企业无论是在科技水平上，还是市场份额方面，都是各自领域的佼佼者。华为在 5G 标准制定中已是不可或缺的角色，TikTok 和微信在走出去中也屡有斩获，在各自领域里构建了一个共享、互进的市场多赢格局。当世界头号强国以所谓的“国家安全”名义对个别优秀企业的大棒加身，势必将成为后者的难以承受之重。

与此同时，当非理性的制裁与反制的多米诺骨牌被推倒之后，对全球产业链与供应链业已造成的破坏以及未来将产生不确定性影响都将会被无限加大。

封锁与制裁：网缘政治下的中国企业困境

华为遭遇的不合理制裁堪称旷日持久。自 2019 年 5 月 15 日美国总统特朗普签署紧急状态行政命令“禁止美国企业使用对国家安全构成风险的企业所生产的电信设备”以来，华为步履维艰，在重重打击之下大大放缓了发展速度。

截至 2020 年 8 月，美国的最新一轮“制裁”中，华为被限制的实体清单范围已经扩充到全球 21 个国家的 38 家子公司。至此，包括华为在内总共有 150 多家关联公司被列入实体清单。美国举一国之力，加之威逼利诱欧洲、澳洲等国在内及其企业参与其中，不断针对着中国的华为。

从“不向华为售卖芯片和为其设计与制造芯片”，到“只要用了美国技术的公司都不能为华为及在名单上的关联公司制造芯片”。不断加码的制裁措施和范围都令后者备受煎熬。

TikTok 的处境同样难言乐观。作为抖音短视频国际版，近年来这款产品在海外接连斩获佳绩。2019 年以来，TikTok 曾多次登上美国、印度、德国、法国、日本、印尼和俄罗斯等地 AppStore 或 GooglePlay 总榜的首位。而在美国市场，TikTok 更是拥有着上亿的用户，并且增长势头依然迅猛。

特朗普政府之所以对 TikTok 痛下杀手，和后者在美国的影响力也是直接相关的。和 Facebook 一样，当社交网络已经或者具有潜在影响总统大选等政治格局的时候，那么在特朗普、蓬佩奥等人的眼中，便自然而然地成为他们的“假想敌”。

有权威媒体认为，TikTok 遭遇制裁的一个直接的原因是 2020 年 6 月时特朗普的一次竞选集会。本来达到上百万人预约的会场，但最终到场的预约观众只有 6000 多人据称，这场恶作剧是源于美国人通过 TikTok 发起的一个游戏，它导致了特朗普在竞选集会上被放了鸽子。

2020 年 7 月 6 日，美国国务卿蓬佩奥释放信号说要封禁 TikTok。7 月 20 日，美国众议院以 336 票对 71 票通过法案，禁止联邦雇员在政府设备上下载 TikTok。两日后，美国参议院国土安全和政府事务委员会投票通过共和党参议员乔希 · 霍利提出的“禁止在政府设备上使用 TikTok 法案”。

2020 年美国当地时间 7 月 31 日，特朗普在其专机“空军一号”上表示将禁止 TikTok 在美国运营。8 月 6 日晚，特朗普签署了行政命令，勒令如果字节跳动不在 45 天内出售 TikTok，那么就将被美国封禁。翌日，行政令又追加了 45 天后禁止美国居民与抖音海外版 TikTok 及它们的母公司进行任何生意往来的条款。美国时间 2020 年 8 月 14 日，美国总统特朗普签署新行政令，要求字节跳动公司在 90 天之内出售或剥离该公司在美国的 TikTok 业务。

这一连串紧锣密鼓的操作对 TikTok 而言，无疑是致命的打击。在此制裁框架之下，意味着 TikTok 只能走向要么“卖身”和要么彻底关闭的二选一结局。

几乎在封禁 TikTok 的同时，美国政府发布的行政命令也宣布，自 9 月 20 日起将禁止美国个人及企业与腾讯公司进行与微信有关的任何交易。

在部分美国媒体看来，这是对中国企业的又一次野蛮打击：“对于使用中国应用微信的数百万美国人来说，这是他们与中国的家人、朋友和商业伙伴相互交流的“生命线”，封禁微信相当于封禁“生命线”分析人士则预测，微信很有可能会从苹果或谷歌的应用商店下架。和美国有贸易往来的中国企业以及海外华人等都开始寻找相应的替代方案。美中贸易全国委员会会长阿伦表示：“不生活在中国的人无法理解美国企业不能使用微信会造成多大的影响，这将导致美国企业面临竞争者时处于严重劣势。”

自救与博弈：漩涡中的中企命运

在一轮又一轮不断升级的制裁之下，华为等中国企业并未放弃努力，希冀找寻到一种可以接受的结果，以免过去多年全球化的积累付诸东流。

实际上，就在 2019 年 5 月 16 日被美国商务部加入实体清单中的第二天，华为海思总裁何庭波就发表致全体员工书，宣布将华为海思的所有备胎芯片全部转正。而华为消费者总裁余承东则表示华为的操作系统鸿蒙操作系统随时可以上线取代谷歌操作系统，同时华为开始打造自己的华为生态系统 HMS。

据媒体报道，为了应对美国对华为的技术打压和封锁，华为悄然启动了一项名为“南泥湾”的项目计划，旨在制造终端产品的过程中加速实现供应链的“去美国化”。据悉，华为的笔记本电脑、智慧屏和 IoT 智能家居产品都从属于“南泥湾”项目，在项目框架之内，这些产品品类有望“完全不受美国影响”。

从“南泥湾计划”的命名中不难看出，华为在遭遇关键技术“卡脖子”困境和供应链受阻中寻求生产上自给自足的决心。实际上，在此之前，“南泥湾精神”在华为内部就常常被提起，尤其是美国开始持续打压和封锁华为之后。显然，除了之前的“备胎计划”“南泥湾项目”也承载了华为自救的重要使命。

无论是美国断供之初的“备胎计划”，还是被媒体聚焦的“南泥湾计划”，华为无奈在高速成长中按下刹车键，继而从产业链中溯流而上弥补自研、自制领域的不足。这是一个痛苦的过程，并且可能因为美国仍在加码的制裁措施而更加艰难。

当全球化进程已经发展到如今的程度之后，再被迫去投入数以十倍乃至更多的资本和人力去另起炉灶，华为背后的困难可想而知。对其而言，这显然是一条不得已而为之的选择。

2020 年 8 月 23 日，字节跳动发布声明，宣布正式通过诉讼维护权益，起诉时间为美国时间 8 月 24 日。在声明中，字节跳动称：“近一年来，我们怀着真诚的态度，寻求跟美国政府沟通，针对他们所提出的顾虑提供解决方案。但美国政府罔顾事实，不遵循正当法律程序，甚至试图强行介入商业公司谈判。为确保法治不被摒弃，确保公司和用户获得公正的对待，我们将通过诉讼维护权益。”

在美方发布了针对字节跳动的禁令后，市场上曾先后传出微软、推特、甲骨文、谷歌等公司均有意竞购 TikTok 美国业务，当时披露的估值将在 200 亿至 500 亿美元之间。但从后来陆续披露出的信息来看，后者因禁令中所涉范围及内容的不确定性，无法确保在美国政府限制的时间内，达成各方均能接受的处理方案。

在业界人士看来，TikTok 美国业务的最坏结果将是彻底关停，届时这家在美国拥有超过 1 亿用户、1500 多名员工以及数千家合作伙伴的公司将在制裁中寿终正寝，也将给字节跳动带来至少上千亿元的直接损失。而起诉特朗普政府，亦能够看出字节跳动毕其功于一役和向死而生的无奈抉择。

抉择与向路：继续以开放的姿态拥抱全球化

以华为为代表的中国企业当下所面临的封锁与打压，只是其他国家或企业曾经遭遇过的厄运的重演而已。二战以后世界各国经济迈入复苏进程，尤其是以欧洲和日本为代表的国家经济科技实力的崛起。从法国的阿尔斯通到日本的尼康等都能够或多或少借以理解当前华为们面临的”美国式关照”。

中国 40 多年改革开放的进程大大推动了经济实力和历史地位的上升，并被认为将在不久的将来在经济规模上超越美国。在这种背景下的中国以及中国企业，遭遇美国等国符合其一贯的长臂管辖与制霸思维的针对。

那么，在这种困境之下，我们的企业该如何抉择？是单向回归本土市场放弃充满挑战的国际化进程的刹车，还是另辟蹊径探索更多的可能性？这对于华为、TikTok 背后的字节跳动和 Wechat 的缔造者腾讯，乃至未来有望走向世界的中国制造企业抑或互联网企业，都是不得不面对的问题。

每个走出去的企业，都需要找到一条在重重封锁之下的全新出路，以未雨绸缪的方式，探讨如何从“美国陷阱”中突出重围，避免重蹈曾经半导体霸主日本企业覆辙，以及实现自身持续发展的多维目标的道路。

全国政协第十三届全国委员会经济委员会委员、清华大学中国经济思想与实践研究院院长李稻葵认为，华为、TikTok 等企业在面对美国等发达国家的限制时，更要以开放的智慧与策略应对之。首先，对于充满警惕的发达国家我们要不断地做解释工作，既然是在当地运营的企业，就按照市场规则接受所在国的全面监管，既做到心态开放也做到运营开放；其次，我们也要大力发展如非洲以及其他一些新兴市场国家的其他市场，不断扩大市场覆盖面和市场影响力和国际化水平。

的确，中国目前能够被世界所认可的企业，无不是因为在改革开放进程中所取得的。以华为为例，这家企业的产品和解决方案已经应用于全球 100 多个国家，以及 31 个全球前 50 强的运营商，服务全球用户超过 10 亿。

华为消费者业务 CEO 余承东坦言，正是过去几年来自全球消费者的鼎力支持、尤其是我们中国消费者的鼎力支持，华为消费者业务才实现了几百倍的增长。相关数据也佐证了这一点：2019 年华为在亚洲市场、欧洲市场、拉美市场、中东和非洲市场的市场占比分别为 20%、20%、14%、12%，可见其国际业务所占之比重不容小觑。

2020 年上半年，华为在美国的封锁之下，国际市场已经出现了下滑的迹象。以第一季度为例，华为手机的全球销量严重下滑17.1%。如果考虑到华为在国内市场份额上升了7%的数据，就能够得出华为在国际市场的下滑有多严重。不止如此，当华为的高端芯片无法生产而高通又因美国的限制无法为其供货，那么至少在智能手机市场华为将遭遇无法预估的损失。以最坏的预期测算，可能前十年积累的诸多优势都将不复存在。对于华为、TikTok等，这已不是非此即彼的抉择。事实上，任何一家个体企业或许都难以应对美国这种体量及优势的国家的阻碍，而美国以威胁、强迫的方式让欧洲等国与华为断绝业务往来，强制其本土的跨国企业向华为断供，就更令后者雪上加霜。

事实上，中国企业目前所遭遇的一切在历史中早就有迹可循。某种程度上，欧洲、日本均是我们的前车之鉴，二战以后的经济复苏中，发展迅速的德国、日本等均不同程度地遭受过美国的打压。所以，很多学者都认为，在美国试图与中国全面脱钩的背景下，中国要以前瞻的长期思维，做好基础创新工作。一方面要规划好中国芯片产业的发展路径、方向与目标，另一方面要继续坚持全球化发展路线，确保自身的市场与创新体系的开放性、全球性，持续保持与欧洲、日本、韩国等国家的联系合作，共谋共享科技发展。

诚然，应对当前的美国制裁，我们需要不一般的智慧与之斡旋，而非绝对脱钩的单一向路，处在漩涡中的华为已经意识到了这一点。

2020 年 4 月，华为创始人任正非在接受新加坡《南华早报》采访时被问到这样一个问题：“过去两年时间里美国与中国摩擦日益加剧，您认为美国是敌是友？”

任正非略加思索后认真地回答：“如果说我们不想‘死’的话，我们就要向最优秀的人学习。即使人家反对我，我也要向他学习。不然我怎么能先进呢？”

任正非进一步说道：“美国制裁华为也只是少部分人意见，不代表全美国人民，也不代表美国的企业！我们还是真诚地加强与美国企业、美国科技界之间的合作。”

TikTok 显然也不会放弃如今来之不易的国际化成果，无论是目前正在探讨中的英国建设总部的可能性，还是在决定将在爱尔兰投资 4.2 亿欧元建立第一个欧洲数据中心以继续扩大数据及隐私保护团队，都表明了其继续推动国际化的决心。

结语

1987 年 1 月 20 日，邓小平会见津巴布韦总理罗伯特 · 穆加贝。在谈到对外开放时，邓小平指出：一个国家要取得真正的政治独立，必须努力摆脱贫困。而要摆脱贫困，在经济政策和对外政策上都要立足于自己的实际，不要给自己设置障碍，不要孤立于世界之外。

“根据中国的经验，把自己孤立于世界之外是不利的。中国执行开放政策是正确的，得到了很大的好处。如果说有什么不足之处，就是开放得还不够。我们要继续开放，更加开放。”邓小平继续说道。

值得一提的是，2020 年以 1243 亿美元营收位列财富世界 500 强第 49 位、仅以 15 亿美元落后于美国微软的中国华为，正是在小平同志发表上述讲话这一年创办的。可以说，华为在国际、国内市场能够取得今天的成就，相当程度上要归功于中国的对外开放政策。

另一家位列制裁榜单中的腾讯同样诞生于深圳。2009 年，一家名为 IDG 的国际投资机构在中国高交会上决定投资腾讯，而在此之前，腾讯曾经差点以 50 万元被卖掉。10 年时间里，腾讯既受益于因对外开放而聚焦中国这篇投资热土的外资，同时又因海外市场的推进而备受看好，最终成长为一家市值逾 5 万亿元，位列国际互联网前列的国际网络巨头。

实际上，包括字节跳动在内，具有国际基因的走出去的企业，无不崛起于对内改革和对外开放的双重机遇之下，最终实现了跨越式的发展。

历史并非偶合，而是一种必然。这也是今天我们为何倡议一如既往地坚持对外开放的逻辑和缘由。中国的崛起和强大乃至寻求复兴，都需要中国在两个循环中寻求我们持续发展的最大可能。

张兴军　《中国经济评论》杂志主编

谁扼住了华为：美日半导体霸权的三张牌

2020年7月21日，习近平总书记在企业家座谈会上提出，创新是引领发展的第一动力。大疫当前，百业艰难，但危中有机，唯创新者胜。企业家要把企业打造成为强大的创新主体，才能在困境中实现凤凰涅槃、浴火重生。科技创新是经济的支撑，而基础研究则是科技创新的根基。《2020年国务院工作报告》就曾指出：要提高科技创新支撑能力，稳定支持基础研究和应用基础研究。7月30日，中共中央政治局召开会议，会议要求，要提高产业链供应链稳定性和竞争力，更加注重补短板和锻长板。

短短一个月的时间，中央层面数次强调基础创新和补短板的重要性，有着充分的理由和现实意义。近几年来，美国屡屡掀起贸易争端，并对中国优秀企业进行不符合全球化和贸易规则的单边制裁，致使我们走出去的企业异常被动。而在这种不合理的制裁之下，我国企业在参与国际竞争与合作创新中处处受到掣肘。

在这个过程中，走出去的优秀企业代表华为自然不能幸免。近期，美国商务部进一步收紧了对华为获取美国技术的限制，同时将华为在全球 21 个国家的 38 家子公司列入“实体清单”，这种卡脖子的不合理制裁手段，对华为乃至其他走出去的企业都将产生巨大的影响。

由远川研究所发表的文章《谁扼住了华为：美日半导体霸权的三张牌》便是在这种背景下策划的，文章通过分析美日半导体霸权的形成路径、逻辑等方面，对于未来中国及中国企业如何在封锁中实现突围都提出了值得深入思考的建议。

2020 年 8 月 7 日，华为余承东公开表示海思麒麟高端芯片已经“绝版”，中国最强的芯片设计公司，就在我们眼皮子底下被锁死了未来。

华为海思推出第一款麒麟 (Kirin) 芯片是在 2009 年，虽然当时反响一般，但奏响了麒麟腾飞的乐章，随后每一年都有不小的进步：麒麟 925 带领 Mate7 打入高端阵营；麒麟 955 助力华为 P9 销量过千万 …… 自己研发的芯片，成为华为手机甩开国内友商的最大武器。

然而到了 2020 年 8 月 7 日，麒麟系列的高端芯片却被迫提前退休，余承东表示麒麟系列中最先进的 Kirin990 和 Kirin1000 系列，在 9 月 15 日之后将无法生产，华为 Mate40 将成为麒麟高端芯片的绝唱。绝版的原因很简单：受到美国禁令影响，台积电将不再为华为代工。

台积电并非没有抗争。全球高制程工艺一线难求，台积电话语权其实很强，而且几周前刚刚超过英特尔成为世界第一大半导体公司。所以面对美国禁令，台积电也曾斡旋过，但只要美国提起一个公司的名字，就能让台积电高管们吓出冷汗。这个公司就是：福建晋华。

福建晋华成立于 2016 年，目标是在存储芯片领域实现突破。福建晋华是 IDM 一体化工艺，即设计、制造、封装都要做，一旦产品落地，对大陆整个半导体工艺都会有所带动和提升。晋华一期投资款高达 370 亿元人民币，还和台湾第二大代工厂台联电进行了技术合作。

研发人员日夜奋战，成立一年多后，晋华就打造出了一座 12 寸的生产线，并准备投产，不料却迎来了资本主义的铁拳。

2017 年 12 月，美国镁光科技即刻以窃取知识产权为由开始狙击晋华，晋华也不甘示弱，双方在中国福州和美国加州互相起诉。正当局势焦灼之时，早就虎视眈眈的特朗普政府在 2018 年 10 月 29 日发起了闪电战：将福建晋华列入实体名单，严禁美国企业进行合作。

禁令发出后，和晋华合作的美国应用材料公司 (Applied-Materials) 的研发支持人员当天就打包撤离，另外两家美商科磊和泛林也迅速召回了前来合作的工程师。更严重的是，由于设备中含有美国原件，欧洲的阿斯麦、日本东京电子也暂停了对晋华的设备供应。

晋华员工回忆外资撤退场景时，总结说：“这些人根本不给我们时间道别。”

福建晋华官网上的生产进度，停留在了 2018 年试投片日，迟迟没有更新，而产品页则直接显示“页面在建设”中。去年 5 月 10 日，英国《金融时报》称，晋华已经开始寻求出租或者出售自己的工厂。仅仅一个回合，担当中国存储突破的种子选手，就被打倒在了起跑线上。

“实体名单”就像是一份死刑通知书，可以瞬间让企业坠入地狱。美国制裁的决心、打击的力度，令同样采用美国核心零部件和核心技术支撑的台积电不寒而栗。同样，本来兴致勃勃要来抢台积电蛋糕的三星没了下文；中芯也含蓄地表示，可能不能为“某些客户”代工。

为什么这些公司不愿意去触碰美国“逆鳞”？半导体领域，美国真的就独霸天下吗？其实并不然。

虽然美国半导体行业产值大约占全世界的 47%，体量上处于绝对优势；但韩国、欧洲、日本、中国台湾、中国大陆等其他“豪强”也各有擅长，与美国的差距并不是无法越过的鸿沟。

比如，韩国在产值 1500 亿美元的存储芯片领域，占据压倒性优势，双强（三星、海力士）占据 65% 市场。

欧洲在模拟芯片领域有三驾马车（英飞凌、意法半导体、恩智浦），从 20 世纪 80 年代起就从未跌出全球 20 强。

日本不但有独步天下的图像识别芯片，以信越日立为首的几家公司，更是牢牢扼住了全世界半导体的上游材料。

中国台湾在千亿美元级别的芯片代工领域，更胜美国一筹，台积电和联电占据 60% 的规模，以日月光为首的封测代工也能抢下 50% 的市场。

中国大陆依托庞大的下游市场，近年芯片设计领域发展迅速，不但诞生了世界前十的芯片设计巨头华为海思，整体芯片设计规模也位居世界第二。

这些企业从账面实力来看，甚至可以让芯片行业“去美国化”，合力搞出一部没有美国芯片的手机。但美国 515 禁令一下，各路豪强却莫敢不从。

一超多强的局面似乎就像“纸老虎”，在美国霸权之下，众半导体商分封而治可能才是目前的“真相”。大家忌惮的，其实是美国手握的两把利剑：芯片设备和设计工具。这两把剑又和日本的材料一起，组成了威力极强的美日半导体霸权三张牌：设备、工具和材料。

那么，美日手中握的这三把剑究竟可怕在何处？是如何能挟制各路科技巨头豪强？了解这些答案，才能了解华为们的突围之路。

一、设备：芯片制造的外置大脑

设备商对于一般行业而言，就是个卖铲子的，交钱拿货基本就完事儿了；但半导体设备商却不同，不仅提供设备卖铲子，还要全程服务卖脑子，可谓是芯片制造商的外置大脑。

芯片制造成本高昂，只有将良品率控制在 90% 上下，才不会亏本。但要知道，芯片制造，工序一千起步，这就导致，哪怕每一步合格率都有 99%，最终良率都会在 0.9*0.9 的多次累积下，趋近于 0。因此，要想不亏本，每个步骤的合格率就得控制在 99.99% 乃至 99.999% 以上。

要达到这个状况，就对设备的复杂度提出了超高要求。就目前最先进的 EUV 光刻机来说，单台设备里超过 10 万个零件、4 万个螺栓，以及 3000 多条线路。仅仅软管加起来，就有两公里长。这么一台庞大的设备，重量足足有 180 吨，单次发货需要动用 40 个货柜、20 辆卡车以及 3 架货机才能运完。

而更为重要的是，即使设备买回来，也远不是像电视冰箱一样，放好、插电就能开动这么简单。一般来说，一台高精度光刻机的调试组装，需要一年时间。而零件的组装、参数的设置、模块的调试，甚至螺丝的松紧、外部气温都会影响生产效果。哪怕一里外的一辆地铁经过，都能导致多数设备集体失灵。

这也是所有精密仪器的“通病”。比如，10 年前，北京大学 12 个高精度实验室里价值 4 亿元的仪器突然失灵，而原因居然是位于地下 13.5 米深的地铁北京 4 号线经过了北大东门产生了 1Hz~10Hz 的震动，为此北大高精度实验室不得不集体搬家。

因此，半导体制造设备每开动一段时间，就必须联系专门原厂服务人员上门调校。荷兰光刻机巨头 ASML 阿斯麦曾有一个客户，要更换光器件；由于当时阿斯麦的工程师无法出国，便邀请客户优秀员工到公司学习，用了近 2 个月，才仅仅掌握了单个零部件更换的技能。

因此，阿斯麦、应用材料等半导体巨头，不只是把设备卖掉就结束了，更是在中国建立了 2000 人左右的庞大支持团队。其中应用材料的第二大收入就是服务，营收占比超过 25%, 而且稳定增长，旱涝保收。

而设备厂的可怕之处正在于，不但通过“一代设备，一代工艺，一代产品”决定了制造厂的工艺制程，更是通过售后服务将制造厂牢牢地拿捏在手中。随着工艺越来越高精尖，设备商的话语权也正在进一步提升。

设备商的强势，可以从利润上明确地反映出来。过去 6 年，芯片制造厂的头部效应越来越明显，但上游设备商的净利润率反而大幅提升：泛林利润率从 12% 提升到 22%, 应用材料从 14% 上升到 18%。代工厂想要客大欺店，那是根本不存在。

也正因如此，在长达 60 年的时间里，美国一直都在以各种手段，来保证自己在设备领域的绝对主导地位。

根据 2019 年全球顶级半导体设备厂商排名，全球前五大半导体设备商占据了全球58%行业营收。其中，美国独占三席；其余两席，一席是日本的东京电子，另一席是荷兰的阿斯麦，恰巧，这两家又都是美国一手扶持起来的。

具体来说，应用材料（AMAT）和泛林（LAM）、科磊（KLA），是根正苗红的美国企业。其中，泛林在刻蚀机的市场占有率高达 50% 以上。应用材料则不仅在刻蚀机领域与泛林平分秋色，在离子注入、化学抛光等细分设备环节也都占据半壁江山，甚至高达 70%。科磊则在半导体前道检测设备领域占据了 50% 以上的市场，并在镀膜测量设备的市占率达到了 98%。

而光刻机巨头阿斯麦，看似是一家荷兰企业，其实有一颗美国心。早在 2000 年前后，光刻机市场还停留在 DUV（深紫外）光刻阶段，日本尼康才是真正的霸主，但到了 EUV（极紫外）阶段，尼康却在美国的一手主导下被淘汰出局。

原因很简单，EUV 技术难度登峰造极：从传统 DUV 跨越到 EUV，意味着光源从 193nm 剧烈缩短到 13.5nm。这需要将 20KW 的激光，以每秒 5 万次的频率来轰击 20 微米的锡滴，将液态锡汽化成为等离子体。这相当于在飓风里以每秒 5 万次的频率，让乒乓球打中一只苍蝇两次。

当年，全球最先进的 EUV 研发机构是英特尔与美国能源部带头组建的 EUVLLC 联盟，这里有摩托罗拉、AMD、旧 M，以及能源部下属三大国家实验室，可谓是集美国科研精华于一身。可以说，只有进入 EUVLLC 联盟，才能获得一张 EUV 的门票。

美国彼时正将日本半导体视为大敌，自然拒绝了日本尼康的入会请求，而阿斯麦则保证 55% 零部件会从美国供应商处采购，并接受定期审查。这才入了美国的局，从后起之秀变成了“帝花之秀”。

美国不仅对阿斯麦开了门，还送了礼：允许阿斯麦先后收购了美国掩罩技术龙头 SiliconValleyGroup、美国光刻检测与解决方案玩家 Brion、美国紫外光源龙头 Cymer 等公司。阿斯麦技术心、研发身，都打上了星条旗烙印。那还不是任凭美国使唤。

而早年的东京电子，只是美国半导体始祖仙童半导体（Fairchild）的设备代理商，后来又与美国 Thermco 公司合资生产半导体设备，直到 1988 年才变成日本独资，但东京电子身上也已经流着美国公司的血。

因此，在 2019 年 6 月，面对第一轮美国禁令，东京电子就表示“那些被禁止与应用材料和泛林做生意的中国客户，我们也不会跟他们有业务往来”，义正词严表明了和美系设备商共进退。

至此，美国靠着多年的“时间积累”和超高精密度“工艺技术”，在设备领域形成了牢牢的主动权。而时间和技术，都不是后进者可以一蹴而就的。

二、EDA（设计软件）：生态网络效应下的“幌金绳”

如果说设备是针对芯片生产的一把封喉剑，那么 EDA 无疑是芯片设计环节的“幌金绳”，虽不致命但可以令“孙悟空”束手束脚、无处施展。

EDA 这根“幌金绳”分三段：首先，它是芯片设计师的“PS 软件 + 素材库”，可以让芯片设计从几十年前图纸上画线的体力活，变成了软件里“素材排列组合 + 敲敲代码”的脑力活。而且，现在仅指甲盖大小芯片，也有几十亿个晶体管，这种工程量，离开了 EDA 简直是天方夜谭。

20 年前的英特尔奔腾处理器的线路图一角，目前晶体管密度已经上升超过 1000 倍。其次，EDA 的奥秘，在于其丰富的 IP 库。即将经常使用的功能，标准化为可以直接调用的模块，而无须设计公司再重新设计。如果说芯片设计是厨师做菜的话，软件就是厨具，IP 就是料包。

而事实上，EDA 巨头公司，往往是得益于其 P 的独占。比如 Cadence（楷登电子）拥有大量模拟电路 IP, 而其也是模拟及混合信号电路设计的王者；而 Synopsys（新思科技）的 IP 库更偏向 DC 综合、PT 时序分析，因而新思在数字芯片领域独占鳌头。

而在全球前三的 IP 企业中，EDA 公司就占了两个，合计市场份额高达 24.1%。在 Synopsys 的历年营收中，IP 授权是仅次于 EDA 授权的第二业务。

EDA 还有一项重要的功能是仿真，即帮设计好的芯片查漏补缺。毕竟一次流片（试产）的成本就高达数百万美元，顶得上一个小设计公司大半年的利润。业内广为流传一句话：设计不仿真，流片两行泪。

加州大学教授有一个统计测算，2011 年一片 SoC 的设计费用大概为 4000 万美元，而如果没有 EDA, 设计费用则会飙升至 77 亿美元，增加了近 200 倍。

因此，EDA 被誉为半导体里的最高杠杆，虽然全球产值不过 100 多亿美元，但却可以影响全球 5000 多亿集成电路市场、几万亿电子产业的发展。

EDA 如此高效好用，那我国自主化状况如何呢？很可惜，比操作系统还尴尬。我国最大的 EDA 厂商华大九天在全球的份额差不多是 1%, 而美国三大厂商 Synopsys（新思科技）、Cadence（楷登电子）以及 MentorGraphics（明导科技，2016 年被西门子收购）则占据了 80% 以上的市场。

这也就导致了虽然我国芯片设计位居世界第二，但美国一声令下，芯片设计就会面临“工具危机”，巧妇难为无米之炊。

不过，既然软件已经交过钱了，用旧版本难道不行吗？很可惜，并不能。

因为这背后有一张 EDA 商、IP 商、代工厂们互相嵌合的生态网。EDA 是不断更新的。新的版本对应更新的 IP 库和 PDK 文件。而 PDK 即工艺设计包，则又包含了芯片工艺中的电流、电压、材料、流程等参数，是代工厂生产时的必备数据。新 EDA、新 IP、新工艺，互相促进、互为一体。

因此，用旧版的软件就会处处“脱节”：做设计时无法获得最新的设计 P 库，找代工厂时又无法和工艺需要最新的 EDA.PDK 进行匹配。长此以往，技术越来越落后，合作伙伴也越来越少。不过既然 EDA 不过是 0101 的代码，从破解小组里找几个高手不就好了吗?

很遗憾，也几乎不可能。每个 EDA 软件出厂时都会内嵌一个 Flexlm 加密软件，把 EDA 和安装的设备进行一一锁定，包括主机号、设备硬盘、网卡、使用日期等信息。而 Flexlm 的密钥长度达 239 位，暴力破解的难度非常大。如果用英特尔高性能的 CPU 来破解的话，需要 4000 左右的核年（core-year），也就是说用 40 核的 CPU, 需要 100 年。

当然，也可以采用分布式的方式，继续增加 CPU 数量减少时间。然而，即使破解成功了，来到了全新的 IP 库门前时，也会被 EDA 厂商通过“修改时间、文件大小、确认 IP 来源”

等方式，再次进行验证，然后被拒绝。油然而生一股挖了百年地下隧道却撞到石头上的酸爽。

破解并不有效，也不敞亮，还和我国知识产权保护的态度相违背。因此，依然还是要靠华大九天等公司自研崛起。那么，这条出路有多宽呢？其实单纯写出一套软件，难度并不大。关键还是要有海量丰富的 IP、PDK，以及产业上下游的支持配合。单点突破未必有效，需要军团全面突围，而这并非一朝一夕之功。

三、材料：工匠精神最后的堡垒

2019 年，日韩闹了矛盾，双方都很刚，但日本断供了韩国几款半导体材料后，没多久韩国三星掌门人李在铭就飞往日本恳请松口了，后来他更是跑到比利时、中国台湾，试图绕道购买或者收点存货过日。

按理说，韩国也是半导体强国，三星在设计、制造领域更是主要玩家，但面对区区几亿美元的材料，却被闹得狼狈不堪。

材料真的有这么难吗？讲真，半导体原始材料是非常丰富的，比如硅片用的就是满地球的沙子。但要实现半导体的“材料自由”，却并不容易，必须打通任督二脉：纯度、配方。

纯度是一个无止境之路。我国已经实现自产的光伏硅片，一般纯度是 6 个一 8 个 9, 即 99.999999%，但半导体的硅片纯度却是 11 个 9, 而且还在不断提高。小数点后多 3 位到 5 位，就意味着杂质含量相差了 1000 到 10 万倍。

这个差距有多大呢？假设，光伏硅片里包含的杂质，相当于一桶沙子撒在了操场上；那么半导体硅片的要求则是在两个足球场大的面积里，只能容下一粒沙子。

那么，为什么必须将杂质含量降到这么低呢？因为原子的大小只有 1/10 纳米，哪怕仅有几个原子大小的杂质出现在硅片上，也会彻底堵塞一条电路通道，导致芯片局部失灵。如果杂质含量更高的话，甚至会和硅原子混在一起，直接改变硅片的原子排列结构，让硅片的导电效率完全改变。

经过刻蚀后的硅表面和锡颗粒，如同明月在金字塔后升起要达到如此纯度，需要科学和工艺的完美结合。

一方面，需要大量基础科学仪器来辅助。比如在材料生产过程中，设备自身就会有金属原子渗透影响纯度，因此需要不断改良。而要确认纯度，也是高难度。就像特种气体，就需要专门的仪器来检测 10 亿分之一（PPB 级）的杂质含量水平。实现这个难度，就不仅需要半导体企业，还需要奥林巴斯等光学企业出马助力。

另一方面，从实验室到工厂车间也需要工艺积累。材料制造，不仅对生产设备要求高，就连工厂里的地垫、拖把，也都是高级别特供。而且，生产车间温度、湿度的不同，也会影响材料纯度，就不得不反复尝试后得出标准。

而高纯度只是第一步，复合材料（比如光刻胶）的配置更是难以跨越的鸿沟。如果说“纯度”是个艺术科学的话，那么“配方”就是玄学科学。

其实，无论提纯，还是配置，基本的理论原理、工艺技术都不是难事儿。但如何选材、配比，从而实现极致的效果，却需要高度依赖经验法则，即业内常说的“know-how”。

同样的材料，不同的配比就会有不同的效果；就像我们用红黄蓝三色去搭配，不同的配比就能得到不同的颜色。而即使用同样的配方、采用同样的工艺，在不同的湿度、温度甚至光照下，也会有不同，甚至相差很远的效果。

这些影响材料效果的参数，无法通过精密计算获得，只能是实验室、车间里一次次调配、实验、观察、记录、改良。有时候，为了得到 10% 的效果改良，可能需要花费几年。然而，这提升的 10%，虽然抢占的只是几百亿规模的市场，但却影响着万亿半导体行业。

因此，无论是提纯，还是配方，其实需要的都是超长的耐心待机、极致专注。这不禁令人会想到日本的寿司之神，一辈子只做寿司，而一个学徒仅拧毛巾就要练 5 年。虽然在生活中，这种执着看起来有些迂腐可笑，但事实上，材料领域做得最好的，正是日本企业。

据 SEMII 推测，2019 年日本企业在全球半导体材料市场，所占份额达到 66%。19 种主要材料中，日本有 14 种市占率超过 50%。而在占据产值 2/3 的四大最核心的材料：硅片、光刻胶、电子特气和掩膜胶等领域，日本有三项都占据了 70% 的份额。最新一代 EUV 光刻胶领域，日本的 3 家企业申请了行业 80% 以上的专利。

日本在材料产能上占据优势后，又用服务将客户捆绑得死死的。许多半导体材料都有极强的腐蚀性和毒性，曾有一位特种气体的供应商描述，一旦气体泄漏，只需一瓶，就可以把整个厦门市人口消灭。因此，芯片制造商只能把材料的运输、保存、检测等环节，都交给材料的“娘家”材料商。

而另一方面，材料虽小、威力却大。半导体制造中几万美元的材料不达标，就能让耗资数十亿美元生产线的产品大半报废，因此制造商们只会选择经过认证的、长期合作的供应商。新进玩家，几乎没有上桌的机会。

而对于材料公司而言，下游用得越多，得到的反馈就越多，就有更多的案例支持、更多的验证机会来提升工艺、改善配比，从而进一步拉大和追赶者的差距。对于后进者而言，商业处境用一句话来形容就是：一步赶不上、步步都白忙。

日本能取得这个成就，其实离不开日本“经营之圣”稻盛和夫在 20 世纪 80 年代给日本规划的方向：欧美先进国家不愿再转让技术的条件下，日本人除了将自己固有的“改良改善特质”发扬光大之外，别无出路；各类企业都要在各自的专业领域内做彻底，把技术做到极致，在本专业内不亚于世界上任何国家的任何企业。

这种匠人精神，令日本在规模不大的材料领域，顶住美国、成为领主。

四、何处突围

我们在做产业研究的时候，有个强烈的感受，中国似乎在美国的打压中，陷入一个被无限向上追溯的绝境：

发现芯片被卡脖子后，我们在芯片设计领域有了崛起的华为海思，但随后就发现：还需要代工领域突破；当中芯国际攻坚芯片代工制造时，却又发现：需要设备环节突破；当中微公司、北方华创在逆袭设备、有所收获时，却又发现：设备核心零部件又仰人鼻息；当零部件也有所进展时，又发现：芯片材料还是被卡脖子。

而当我们继续一步步向前溯源、“图穷匕见”时，才发现一切都回到了任正非此前无数次强调的基础科学。

回顾来看，如果没有 1703 年建立的现代二进制，那么 200 年后的机器语言就无从谈起；如果没有 1874 年布劳恩发现物理上的整流效应，那么就没有大半个世纪后晶体管的发明和应用；而等离子物理、气体化学，更是刻蚀机等关键设备的必备基础。

而在美国大学中，有 7 所位列全球物理学科排名前十，有 6 所位列全球数学学科排名前十，有 5 所位列全球材料学科排名前十。基础科学强大的统治力，成为美国半导体公司汲取力量的源泉。

在强势的基础学科背后，却又是 1957 年就已经埋下伏笔的美国基础学科支持体系——对大学基础学科进行财政支持；通过超级科技项目带领应用落地。

当年美苏争霸，苏联的全球第一颗人造卫星升空刺激了美国执政者，这也成为美国科技发展的重要转折点：

一方面，为了保持“美国领先”，政府开始直接对研究机构发钱。美国国家科学基金会 (NSF) 给大学的基础研究经费从 1955 年的 700 万美元，飙升到 1968 年的 2 亿美元。在 2018 年，NSF 用于基础研究的经费，更是高达 42 亿美元。这长达 50 年的基础研究经费里，美国联邦政府出了一半。

尤其值得一提的是，NSF 每年为数以千计的基础学科研究生提供奖学金，这其中诞生了 42 位诺贝尔奖得主。

另一方面，美国启动了超级工程来落地研发成果。1958 年，NASA 成立，挑战人类科技极限的阿波罗登月和航天飞机工程也就此启动。

在研究需要 250 万个零件的航天飞机过程中（作为对比，光刻机零件大约是 10 万个，一辆汽车只有 1 万多个零件），大量尖端技术找到用武之地；而这些当时“冷门”的尖端技术，又在条件成熟时，相继转化为杀手级民用品（比如从航天飞机零件中诞生的人造心脏、红外照相机）。

航天飞机的技术外溢，并不是孤例。医院核磁共振设备中采用的超导磁铁，也正是在美国粒子加速器“Tevatron”的研发中应用诞生。美国的超级科技工程，成为基础学科成果的试验田、练兵场和民用转化泉。

事实上，通过基础研究掌握源头科技，随后一步步外溢建立产业霸权，这条路径并不只是美国的专利，也应该是各个产业强国的选择，更是面对美国打压时一条真正可行的道路。王侯将相，宁有种乎。避免无穷尽的“国产替代向上突破”的陷阱，实现和“基础研究向下溢出”的大会师。

事实上，我们面临的困难、打压，日本也经历过。

20 世纪 80 年代后期，美国对日本半导体产业发起突袭：政治封杀、商业打压、关税压迫无所不用其极，尤其是培养了“新小弟”韩国来挤压日本半导体产业。没几年，日本就从全球第一半导体强国宝座上跌落了。日本半导体引以为傲的三大楷模，松下、东芝、富士通的半导体部门先后被出售。

面对美国的压制，日本选择进军高精尖材料，用时间换空间、用匠心换信心。

1989 年，韩国发力补贴存储芯片，而日本通产省制定了投资 160 亿日元的“硅类高分子材料研究开发基本计划”，重点补贴信越化学为首的有机硅企业。

1995 年，韩国发动第二轮存储价格战前夕，而日本东京应化（TOK）则实现了 KrF 光刻胶商业化，打破了美国旧 M 长达 10 余年的垄断，并在随后第 5 年，其产品工艺成为行业标准，全球领先。

2005 年，三星坐上存储芯片老大的位置，而日本凸版印刷株式会社以 710 亿日元收购了美国杜邦公司的光掩膜业务，成为光罩龙头。

在韩国全力扩张产能，和其他半导体下游厂搏杀的日子里，日本一步步走到了材料霸主的宝座前。从看似掌握着无解优势的美国人手里，硬生生抢下了一把霸权剑。

但日本的成功仅仅是因为换了一个上游战场吗？显然不是。在过去 30 年，三大自然科学领域，日本共计收获了 16 个诺贝尔奖，其中有 6 个都属于化学领域，而这些才是日本崛起的坚实地基。

我国的基础研究怎么样呢？ 2018 年，我国基础研究费用，在全年总研发支出中仅占 5%, 而这还是 10 年来占比最高的一年。而同期美国基础研究占比则是 17%, 日本是 12%。在国内各个学校论坛上，劝师弟师妹们从基础学科转向金融计算机等应用学科的帖子，层出不穷。

所以有人笑称，陆家嘴学集成电路的，比张江还多。2020 年 7 月份，更是爆出了中科院某所 90 多人集体离职的迷思。诚然，每个人都有择业的自由，但需要警示的，是大家做出选择的理由。基础学科研究的长周期、弱转化、低收入，令研究员们在日益上涨的房价、动辄数百亿利润造假套现面前，相形见绌。

任正非曾经感叹道：国家发展工业，过去的方针是砸钱，但钱砸下去不起作用。我们国家修桥、修路、修房子 …… 已经习惯了只要砸钱就行。但是芯片砸钱不行，得砸数学家、物理学家、化学家。64 年前，苏联率先发射的一颗卫星让美国惊醒。美国人一边加码“短期对抗”，一边酝酿“长期创新”，从而开启了多个领域的突破、领先；而今，一张张禁令也让我们惊醒，我国不少产业只是表面上的大，急需要的是骨子里的强。

这些危机之痛，总是令人后悔不已。过去几十年，落后就要挨打的现实一次次提醒着我们，要实现基础技术能力的创新和突破，才能赢取下一个时代。

董世敏　陈帅　刘芮　远川研究所

附　录

中国对外开放大事记

1978 年

12 月，中共十一届三中全会在北京京西宾馆举行。这次会议做出了“把全党工作的着重点和全国人民的注意力转移到社会主义现代化建设上来”的重大战略决策，提出了要进行改革开放的历史任务，拉开了后来 40 年全面改革开放的大幕。

1979 年

1 月 1 日，中国同美国正式建立外交关系。

1 月 17 日，邓小平接见胡厥文、胡子昂、荣毅仁、古耕虞、周叔弢等工商界领导人，听取他们对搞好经济建设的意见建议，并指出，现在搞建设，门路要多一点，可以利用外国的资金和技术，华侨、华裔也可以回来办工厂。总之，钱要用起来，人要用起来。

1980 年

8 月，全国人大常委会颁布了《广东省经济特区条例》，深圳经济特区正式成立，地域包括今罗湖、福田、南山、盐田四个区。当时，经济特区实行特殊经济政策和管理体制，建设资金以引进外资为主，所有制结构为多种形式共存，产业结构以工业为主，产品以出口外销为主。经济特区成为中国改革开放的排头兵。

4 月 17 日，中国恢复在国际货币基金组织的合法席位。

5 月 15 日，中国恢复在世界银行的合法席位。

1984 年

5 月 4 日，中共中央、国务院批转《沿海部分城市座谈会纪要》，决定进一步开放天津、上海、大连、秦皇岛、烟台、青岛、连云港、南通、宁波、温州、福州、广州、湛江和北海等 14 个沿海港口城市，并提出逐步兴办经济技术开发区。

6 月 4 日，邓小平在中央军委扩大会议上讲话指出，党的十一届三中全会以后，我们对国际形势的判断有变化，对外政策也有变化，这是两个重要的转变。第一个转变，改变了原来认为战争的危险很迫近的看法。第二个转变，改变了针对苏联霸权主义的威胁实行的”一条线”战略。

1985 年

2 月 18 日，中共中央、国务院批转《长江、珠江三角洲和闽南厦漳泉三角地区座谈会纪要》，决定在长江三角洲、珠江三角洲和厦漳泉三角地区开辟沿海经济开放区。

4 月 1 日，我国开始实行出口退税制度。

1986 年

10 月 11 日，国务院发布《关于鼓励外商投资的规定》，鼓励外国投资者在中国境内举办中外合资经营企业、中外合作经营企业和外资企业。

1988 年

3 月 18 日国务院发出《关于扩大沿海经济开放区范围的通知》，决定新划入沿海开放区 140 个市、县，包括杭州、南京、沈阳 3 个省会城市。此后，国务院又相继决定开放了一批沿江、沿边、内陆和省会城市，形成了多层次、多渠道、全方位开放格局。

9月 12 日邓小平在听取工作汇报时，提出”两个大局”思想。指出，沿海地区要加快对外开放，使这个拥有两亿人口的广大地带较快地先发展起来，从而带动内地更好地发展，这是一个事关大局的问题。内地要顾全这个大局。反过来，发展到一定的时候，又要求沿海拿出更多力量来帮助内地发展，这也是个大局。那时沿海也要服从这个大局。

1990 年

4 月，中共中央和国务院决策开发上海浦东，在浦东实行经济技术开发区和某些经济特区的政策。1992 年 10 月 11 日，国务院正式批复设立上海市浦东新区，上海浦东新区成为继深圳经济特区之后中国对外开放的又一个领头羊。

1994 年

第一次重大变革发生在 1994 年。此前，中国外汇市场形成了价格“双轨制”——调剂价格和官方汇率并存，起因是改革开放初期，外汇是稀缺资源，为鼓励出口创汇，中央允许出口企业拥有一些外汇留成，并拿到调剂市场以高于“官价”的“市场汇率”进行交易结算，让企业多赚一点利润。1993 年 11 月 14 日，十四届三中全会通过的《关于建立社会主义市场经济体制若干问题的决定》明确了市场化改革方向。在此背景下，1993 年 12 月 25 日，国务院发布了《关于金融体制改革的决定》，提出改革外汇管理体制，协调外汇政策和货币政策，其核心实际是”汇率并轨”，建立人民币汇率市场化形成机制。这次汇改建立了全国统一规范的银行间外汇市场，取得了超乎预期的成功。

1995 年

7 月 11 日，世贸组织总理事会会议决定接纳中国为该组织的观察员。随后，中国正式提出“加入世界贸易组织”的申请，“中国复关谈判工作组”更名为“中国入世工作组”。

1997 年

7 月，在国际游资攻击及资本恐慌性出逃等因素影响下，亚洲金融危机爆发。12 月 6 日，中共中央、国务院发出《关于深化金融改革，整顿金融秩序，防范金融风险的通知》。

2001 年

11 月，在多哈举行的世界贸易组织第四次部长级会议审议并批准了中国加入世界贸易组织。中国随即递交了全国人大常委会批准中国加入世贸组织议定书的通知书。一个月后，中国于 2001 年 12 月 11 日正式成为世界贸易组织第 143 个成员。

2005 年

7 月 21 日，经国务院批准，中国人民银行宣布：自当日起，我国开始实行以市场供求为基础、参考一篮子货币进行调节、有管理的浮动汇率制度。人民币汇率形成更富弹性的汇率机制。这被称作第二次汇改。

2008 年

8 月 8 日，第 29 届夏季奥林匹克运动会于晚上 8 时整在中国首都北京开幕，上海、天津、沈阳、秦皇岛、青岛、香港为协办城市。奥运会在北京举办，不仅圆了国人百年奥运梦，更成为中外人文交流的一次盛会，展示了中国在过去数十年现代化和开放之路上取得的成就。

9 月，由 2007 年美国次贷危机引发的国际金融危机全面爆发。这次危机是美国20世纪30年代“大萧条”以来最为严重的一次金融危机，对国际金融秩序造成极大的冲击和破坏。10月7日，中共中央政治局常委会会议专题听取有关国际金融危机情况和应采取应对措施的汇报。11月5日，国务院召开常务会议，研究部署进一步扩大内需促进经济平稳较快增长的措施。12月8日至10日，中央经济工作会议提出，必须把扩大内需作为保增长的根本途径，把加快发展方式转变和结构调整作为保增长的主攻方向，把深化重点领域和关键环节改革、提高对外开放水平作为保增长的强大动力，把改善民生作为保增长的出发点和落脚点。

11月15日，胡锦涛出席在美国华盛顿举行的二十国集团领导人首次峰会并发表讲话，提出对国际金融体系进行必要的改革。

12月31日，国务院批复《珠江三角洲地区改革发展规划纲要（2008-2020年）》。指出，要在促进环珠三角和泛珠三角区域的经济发展、推进粤港澳三地更加紧密合作、保持港澳地区长期繁荣稳定、参与亚太地区区域合作和全球经济竞争等方面进一步发挥辐射带动作用和先行示范作用。

2009年

4月8日，国务院常务会议决定在上海市和广东省广州、深圳、珠海、东莞4城市开展跨境贸易人民币结算试点。至

2011 年 8 月，跨境贸易人民币结算境内地域范围扩大至全国。

6 月 16 日，胡锦涛出席在俄罗斯叶卡捷琳堡举行的金砖国家（中国、俄罗斯、巴西、印度）领导人首次正式会晤并发表讲话。2010 年 12 月，南非作为正式成员加入金砖国家合作机制，金砖国家正式扩为五国。

2010 年

1 月 1 日，中国—东盟自由贸易区正式全面启动。在此前后，中国还相继与智利、冰岛、瑞士、韩国、澳大利亚、格鲁吉亚等签署自贸协定。2015 年 12 月 6 日，国务院印发《关于加快实施自由贸易区战略的若干意见》。

4 月 30 日，2010 年上海世界博览会举行开幕式。这是中国首次举办的综合性世界博览会。10 月 31 日，上海世界博览会闭幕。

2013 年

3 月 23 日，习近平在俄罗斯莫斯科国际关系学院发表演讲，强调人类越来越成为你中有我、我中有你的命运共同体，呼吁各国共同推动建立以合作共赢为核心的新型国际关系。8 月 17 日，国务院正式批准设立中国（上海）自由贸易试验区，涵盖上海市外高桥保税区、外高桥保税物流园区、洋山保税港区和上海浦东机场综合保税区等 4 个海关特殊监管区域。上海自贸区的成立，在简政放权、负面清单、人民币自由兑换、推动境内资本的境外投资和境外融资等方面进一步探索了宝贵经验，最终复制推广至福建、广东、天津、辽宁、陕西等省份，有力地促进了中国对外开放迈上新台阶。

9月和10月，中国国家主席习近平先后向世界发出建设丝绸之路经济带和21世纪海上丝绸之路的合作倡议。“一带一路”旨在充分依靠中国与有关国家既有的双多边机制，借助既有的、行之有效的区域合作平台和历史符号，积极发展与沿线国家的经济合作伙伴关系，以“共商、共建、共享”为原则，以”政策沟通、设施联通、贸易畅通、资金融通、民心相通”为重点，共同打造政治互信、经济融合、文化包容的利益共同体、命运共同体和责任共同体。

2014年

11月8日，习近平在北京主持加强互联互通伙伴关系对话会并发表讲话指出，我们要建设的互联互通，应该是基础设施、制度规章、人员交流三位一体，应该是政策沟通、设施联通、贸易畅通、资金融通、民心相通五大领域齐头并进；宣布中国出资成立丝路基金。

11月11日，亚太经合组织第二十二次领导人非正式会议在北京举行。习近平主持会议并发表讲话，倡导共建互信、包容、合作、共赢的亚太伙伴关系。会议决定启动亚太自由贸易区（FTAAP）进程。

11 月 19 日—21 日，首届世界互联网大会在浙江乌镇举行。会议确定乌镇为世界互联网大会永久会址。

11 月 28 日，习近平在中央外事工作会议上讲话指出，中国必须有自己特色的大国外交。要在总结实践经验的基础上，丰富和发展对外工作理念，使对外工作有鲜明的中国特色、中国风格、中国气派。

2015 年

8 月 11 日，中国人民银行决定改革完善人民币兑美元汇率中间价报价机制，明确中间价报价参考前一天收盘价。2016 年 2 月，形成”收盘汇率＋一篮子货币汇率变化”的人民币兑美元汇率中间价形成机制。

9 月 28 日，习近平在纽约联合国总部出席第 70 届联合国大会一般性辩论并发表讲话，提出携手构建合作共赢新伙伴，同心打造人类命运共同体。

12 月，国际货币基金组织正式宣布，人民币 2016 年 10 月 1 日起加入国际货币基金组织特别提款权（即”SDR 货币篮子”）。人民币由此成为与美元、欧元、英镑和日元并列的第五种国际储备货币。人民币“入篮”被视作中国经济融入全球金融体系的重要里程碑，这也是对于中国在过去几年在货币和金融体系改革开放方面所取得进步的认可。

2015 年，中国对外直接投资流量为 1456.7 亿美元，实际利用外资 1356 亿美元，对外投资首超吸引外资，首次成为资本净输出国。

2016 年

9月 3 日，十二届全国人大常委会第二十二次会议通过《关于修改〈中华人民共和国外资企业法〉等 4 部法律的决定》，探索对外商投资实行准入前国民待遇加负面清单的管理模式，对不涉及国家规定准入特别管理措施的外商投资企业设立及变更的事项，由逐案审批制改为备案制管理。外资管理体制实现重大变革。

2017 年

1 月 12 日，国务院发出《关于扩大对外开放积极利用外资若干措施的通知》。2017 年 8 月 8 日、2018 年 6 月 10 日，又相继发出《关于促进外资增长若干措施的通知》《关于积极有效利用外资推动经济高质量发展若干措施的通知》。

1 月 17 日，习近平出席达沃斯世界经济论坛 2017 年年会开幕式并发表主旨演讲，发出支持经济全球化的时代强音，强调经济全球化是社会生产力发展的客观要求和科技进步的必然结果，要适应和引导好经济全球化，消解经济全球化的负面影响，让它更好惠及每个国家、每个民族，实现经济全球化进程再平衡。

1 月 18 日，习近平在日内瓦万国宫出席”共商共筑人类命运共同体”高级别会议并发表主旨演讲，主张共同推进构建人类命运共同体伟大进程，坚持对话协商、共建共享、合作共赢、交流互鉴、绿色低碳，建设一个持久和平、普遍安全、共同繁荣、开放包容、清洁美丽的世界。

5月，首届”一带一路”国际合作高峰论坛在北京举行，29位外国元首、政府首脑及联合国秘书长、红十字国际委员会主席等重要国际组织负责人出席高峰论坛，来自130多个国家的约1500名各界嘉宾作为正式代表出席论坛。同时，论坛吸引了来自全球的4000余名记者注册报道。论坛的成功举办，不仅体现了中国推动更高标准对外开放的决心和诚意，更取得了实实在在的成果清单，进一步为“一带一路”在全球赢得了人心。

2018年

4月11日，中共中央、国务院印发《关于支持海南全面深化改革开放的指导意见》，赋予海南经济特区改革开放新使命，建设自由贸易试验区和中国特色自由贸易港。4月13日，习近平在庆祝海南建省办经济特区30周年大会上讲话指出，海南要着力打造全面深化改革开放试验区、国家生态文明试验区、国际旅游消费中心、国家重大战略服务保障区，形成更高层次改革开放新格局。

2019 年

1 月 1 日，中美迎来建交 40 周年。

2019 年 4 月 27 日，习近平总书记在第二届”一带一路”国际合作高峰论坛记者会上表示，我们一致支持着力构建全球互联互通伙伴关系，加强合作机制。为此，我们将深入对接各国和国际组织经济发展倡议和规划，加强双边和第三方市场合作，建设中欧班列、陆海新通道等国际物流和贸易大通道，帮助更多国家提升互联互通水平。

2020 年

1 月 15 日，中美双方在美国华盛顿签署《中华人民共和国政府和美利坚合众国政府经济贸易协议》。

5 月 18 日，中共中央、国务院发布《关于新时代加快完善社会主义市场经济体制的意见》指出，实行更加积极主动的开放战略，全面对接国际高标准市场规则体系，实施更大范围、更宽领域、更深层次的全面开放。

具体有以下四方面：以”一带一路”建设为重点构建对外开放新格局；加快自由贸易试验区、自由贸易港等对外开放高地建设；健全高水平开放政策保障机制；积极参与全球经济治理体系变革。

“一带一路”沿线部分国家投资环境概览

随着中国与“一带一路”沿线国家不断深化合作，越来越多企业和投资者掘金其中并找到合作机会。在民族主义和逆全球化愈演愈烈的今天，坚持提高与“一带一路”沿线国家的经贸合作质量，增强对外开放，打造良性外循环系统，与沿线国家共同摸索更加完善的发展模式和贸易规则，就显得更加重要且有意义。

我们梳理了部分最受投资者关注的沿线国家，将其双边贸易、行业投资情况概述于下，供大家阅读与参考。

东盟

新加坡：据中方统计，2018 年双边贸易额 828.8 亿美元，增长 4.6%。以单个国家 / 地区计，在东盟内新加坡为我国第四大贸易伙伴。中国为新加坡第一大贸易伙伴、第一大出口市场和第一大进口来源国。

2018 年，新加坡对中国出口的主力产品：机电产品、化工产品、塑料橡胶和矿产品。新加坡自中国进口的商品：机电产品、矿产品和贱金属及制品。

我对新投资涉及所有主要行业，从累计投资金额来看，主要集中于金融保险业和贸易业。其中，我投资占新吸收外资比重相对较大的行业包括建筑业、贸易业和房地产业。新对华投资涉及所有主要行业，从累计投资金额来看，主要为：金融保险业占79.25%，批发零售贸易业占12.68%，制造业占4.6%，专业科技服务业占1.86%，房地产业占0.84%。

新加坡采取的投资优惠政策主要是为了鼓励投资、出口、增加就业机会、鼓励研发和高新技术产品的生产以及使整个经济更具有活力的生产经营活动。如对涉及特殊产业和服务（如高技术、高附加值企业）、大型跨国公司、研发机构、区域总部、国际船运以及出口企业等给予一定期限的减、免税优惠或资金扶持等。政府推出的各项优惠政策，外资企业基本上可以和本土企业一样享受。

马来西亚：世界银行《2019年全球营商环境报告》显示，马来西亚营商环境在全球190个经济体中排名第15位，在东盟地区仅次于新加坡。2018年，马来西亚对中国出口最多的商品为机电及交通设备、矿产品和化学品，马来西亚自中国进口的商品主要有机电及交通设备、工业制成品和杂项工业品。

【鼓励的行业】马来西亚政府鼓励外国投资进入其出口导

向型的生产企业和高科技领域，可享受优惠政策的行业主要包括：农业生产、农产品加工、橡胶制品、石油化工、医药、木材、纸浆制品、纺织、钢铁、有色金属、机械设备及零部件、电子电器、医疗器械、科学测量仪器制造、塑料制品、防护设备仪器、可再生能源、研发、食品加工、冷链设备、酒店旅游及其他与制造业相关的服务业等。在制造业领域，从2003年6月开始，外商投资者投资新项目可以持有100%的股权。

【限制的行业】外商投资下述行业会在股权方面受到严格限制：金融、保险、法律服务、电信、直销及分销等。一般外资持股比例不能超过50%或30%。

菲律宾：中菲经贸合作发展较快，2018年，中非双边贸易总额为556.7亿美元，同比增长8.5%。中国是菲律宾最大的贸易伙伴，中国在菲律宾投资主要涉及矿业、制造业和电力等领域。菲律宾主要出口商品为：电子产品、机械及运输设备、其他制造业产品、金属汽车等交通工具零配件、新鲜香蕉等；主要进口商品为：电子产品、运输设备、矿物燃料和润滑油、工业机械和设备、粮食谷物等。

【优先投资领域】对于优先投资领域，菲律宾政府每年制定一个《投资优先计划》，列出政府鼓励投资的领域和可以享受的优惠条件，引导内外资向国家指定行业投资。优惠条件包括减免所得税、免除进口设备及零部件的进口关税、免除进口码头税、免除出口税费等财政优惠，以及无限制使用托运设备、简化进出口通关程序等非财政优惠。

2017年3月，菲律宾政府批准了由菲律宾投资署制定的《2017–2019年投资优先计划（IPP），该计划与杜特尔特的经济社会发展十点计划和国家工业综合战略相一致。计划中所列的优先经济活动包括农产品加工业、农业和渔业；战略性服务业；基础设施和物流（包括由地方政府部门参与的PPP项目）；包容性商业模式；与环境或气候变化有关的项目。除制造业以外，基础设施项目、电力和能源等也是投资热点。

【银行业开放】2014年7月，菲律宾国会通过了新的外资银行法修正案，对外资银行准入和经营范围实行全面开放。此前法律规定，只允许外资银行购买或拥有本地银行60%的股份或设立分行。

印度尼西亚：2018年中国与印尼双边货物进出口额为773.7亿美元，同比增长22.2%，中国贸易顺差90.5亿美元。

中国对印度尼西亚出口的主要产品分别为核反应堆、锅炉、机械器具及零件、电机、电气、音像设备及其零附件、钢铁、钢铁制品、车辆及其零附件、船舶及浮动结构体等。中国自印度尼西亚进口的主要产品分别为矿产品、动植物油脂、塑料、橡胶、化工产品、纤维素浆及纸张、木及制品、纺织品及原料、机电产品、贱金属及制品、活动物及动物产品、食品、饮料、烟草、植物产品、鞋靴、伞等轻工产品、光学、钟表、医疗设备、运输设备等。

目前到印尼寻求投资合作的中国企业不断增多，涉及领域日益广泛，大型投资项目不断涌现，中国对印尼投资主要领域包括矿冶、农业、电力、地产、家电与电子和数字经济等。2011 年以来，印尼推出财政奖励政策，大力支持资本和劳动力密集型产业的发展。针对包括原金属、炼油、天然气、有机基础化学、可再生能源和电信设备等 5 个工业部门，投资规模在 1 万亿盾（约合 1.17 亿美元）以上的，免除其开始商业运行后 5 年 -10 年的税款，对已投资印尼但经营尚不足一年的企业也可以享受到此项优惠税收政策。

泰国：2018 年中泰贸易总额 875.2 亿美元，同比增长 9.2%，其中中国向泰国出口 428.9 亿美元，同比上升 11.3%，中国从泰国进口 446.3 亿美元，同比上升 7.3%，中方贸易逆差 17.3 亿美元。

泰国进出口商品结构：进口商品主要是原料及半成品、资本商品和燃料；出口商品主要是工业制成品、农产品、农业加工品和矿产品。

泰国主管投资促进的部门是投资促进委员会（BOI），根据其最新的 7 年投资促进战略（2015 年 -2021 年），泰国主要以投资所属的行业为基础，按行业的重要性给予不同程度的优惠政策，另外也按项目所在地区及价值的不同给予额外的优惠。

其总体目标是促进泰国经济可持续发展，增强经济竞争力，鼓励创新、高附加值、绿色科技相关产业及研发的投资。

东亚

蒙古：2018年中国继续保持蒙古国最大贸易伙伴国、最大出口市场和最大进口市场地位。据蒙古方统计，2018年，蒙古国对华贸易总额为85.37亿美元，较上年增长26.7%，占其外贸总额的66.17%。蒙古国对华贸易顺差45.47亿美元，较上年同期增加17.06%。

蒙古国对华出口产品主要包括矿产品、动物毛皮原料及其制成品等，蒙古国自华进口产品主要包括汽柴油、食品、机械设备产品等。据中国商务部统计，2018年中国对蒙古国投资主要分布在矿产、能源、建筑、金融、畜产品加工、餐饮服务等行业。

蒙古国目前没有特别针对行业的鼓励政策，但是在税收稳定等方面，对矿业开采、重工业、基础设施领域有一定的政策倾斜。根据蒙古国《投资法》，蒙古国对外商提供国民待遇，除本国法律法规禁止从事的生产和服务行业以外，都允许外商投资。蒙古国法律明确禁止的行业是麻醉品、鸦片和枪支武器生产等，除此之外没有其他禁止投资的行业。

南亚

巴基斯坦：中巴经贸合作发展良好。据巴方统计，2017/18财年，中国连续4年保持巴基斯坦第一大贸易伙伴，连续5年保持巴外国直接投资最大来源国，巴基斯坦是中国在南亚地区最大投资目的地。近年来双边贸易增速均保持在10%以上。

中国对巴基斯坦的出口商品日趋多样化，机电产品所占比重逐年增加，但中国自巴基斯坦进口的商品种类变化不大，仍以传统商品为主。中国对巴基斯坦的主要出口商品为：电机电气、锅炉、机械设备、钢铁及其制品、化学纤维、有机化学品、塑料制品等。巴基斯坦对华主要出口商品为：棉纱、谷物、矿砂、纺织产品及初级制品等，其中，棉纱、谷物和矿砂等产品长期占据对华出口前三位，占比分别约为60%、10%和6%。近年来随着双边贸易规模的扩大，贸易纠纷也呈上升趋势，中资企业应高度重视。

巴基斯坦投资政策规定限制投资的5个领域是：武器、高强炸药、放射性物质、证券印制和造币、酒类生产（工业酒精除外）。此外，由于巴基斯坦是伊斯兰国家，外国企业不得在当地从事夜总会、歌舞厅、电影院、按摩、洗浴等娱乐休闲业。

印度：自1991年实行经济改革以来，印度政府逐步放宽对外商直接投资领域的限制，使印度近年来利用外资实现了快速增长。根据印度官方统计，2018年，印中货物贸易总额904亿美元，同比增长6.7%。中国是印度第三大出口目的地和第一大进口来源地，第一大逆差来源国。矿产品、化工产品、纺织品及原料是印度对中国出口排名前三的产品。印度对华出口增长较多的商品还有农产品，特别是可可、乳品、蜂蜜和禽蛋等。印度自中国进口的主要商品为机电产品、化工产品和金属及制品。此外，塑料、橡胶、纺织品及原料、运输设备等也为印度自中国进口的主要品类。

【禁止的行业】核能、赌博博彩业、风险基金、雪茄及烟草业。

【限制的行业】电信服务业、私人银行业、多品牌零售业、航空服务业、基础设施投资、广播电视转播等。外商投资如超过政府规定投资比例上限，需获得政府有关部门批准。投资于保留给小型企业的经营项目，需获政府批准。

【鼓励的行业】电力（除核电外）、石油炼化产品销售、采矿业、金融中介服务、农产品养殖、电子产品、电脑软硬件、特别经济区开发、贸易、批发、食品加工等。

孟加拉：据中国海关统计，2018年中孟两国进出口总额187.4亿美元，同比增长16.8%。其中，中国对孟加拉国出口177.5亿美元，同比增长17%；进口9.8亿美元，同比增长12.5%。

2017、2018财年，孟加拉国主要进口商品为纺织及手工艺品、机电产品、金属及金属制品等；主要出口商品为成衣、黄麻及黄麻产品、皮革及皮革制品、冷冻鱼虾、家用纺织品、医药产品等。

中国对孟加拉直接投资主要集中在能源、纺织服装及其相关的机械设备等领域。

【禁止的行业】根据2010年工业政策法令，孟加拉禁止投资的领域包括：枪、弹药及国防机械设备；在森林保护区内的森林种植及机械化开采；核能源生产；有价证券（钞票）的印刷和铸造。

【限制投资领域】目前，限制领域包括：深海捕鱼；银行/金融机构私营业务；保险公司私营业务；私营领域电力生产、供应和传输；天然气、油、煤、矿产的勘探、开采和供应；大规模项目（如高速公路、单轨铁路、经济区、内陆集装箱装卸站/货运站）；原油精炼；用天然气和其他矿产为原料的中大型工业；通信服务；卫星频道；客运/货运；海滨船运；海港/深海港；VOIP/IP电话等。

【鼓励的行业】孟加拉国政府鼓励外国投资的领域包括：基础农业和农产品加工业；人力资源出口业；造船业；可再生能源业（太阳能、风能）；旅游业；基础化工业；成衣业；

草药；黄麻及黄麻制品；皮革及制品；医院和医疗；轻工业；塑胶业；家具业；手工制品；节能产品；冷冻渔业；茶业；家纺；制陶业；珠宝业；玩具业；集装箱服务；仓储业；创新和进口替代品业；化妆品业等。

中亚

哈萨克斯坦：据中国海关统计，2018 年中哈贸易额为 198.85 亿美元，比上年增长 10.8%。其中中国对哈萨克斯坦出口 113.50 亿美元，同比下降 1.9%，自哈萨克斯坦进口 85.35 亿美元，同比增长 33.8%。中方贸易顺差 28.15 亿美元。目前，中国是哈萨克斯坦第三大贸易伙伴国（仅次于俄罗斯和意大利），也是哈萨克斯坦第二大出口目的国（仅次于意大利）和进口来源国（仅次于俄罗斯），在哈萨克斯坦对外贸易中的比重和分量保持稳定。

中国对哈萨克斯坦投资领域主要包括石油勘探开发、哈萨克斯坦石油公司股权并购、加油站网络经营、电力、农副产品加工、电信、皮革加工、食宿餐饮和贸易等。

根据规定，哈萨克斯坦对外资无特殊优惠，实施内外资一致的原则；鼓励外商投资，大部分行业投资没有限制，但对涉及哈萨克斯坦国家安全的一些行业，哈萨克斯坦有权限制或者禁止投资。哈萨克斯坦特别提倡外商向非资源领域投资。

西亚

阿联酋：阿联酋非石油出口前五大商品有：黄金、生铝、珠宝首饰、卷烟及雪茄、初级乙烯聚合物。非石油进口前五大商品有：生金或半加工黄金、电话设备、汽车、非复合钻石、石油及沥青矿物油。非石油再出口前五大商品有：电话设备、非复合钻石、汽车、珠宝首饰、自动数据处理设备。

2018 年 10 月，阿联酋公布新修订的外国直接投资法，旨在巩固阿联酋作为地区和国际吸引外资的中心地位，拓展生产基地及多元化，发展运输，吸引尖端技术人才。该版投资法的最大亮点是在部分领域突破本国资本在阿联酋境内设立的公司中所占股份不得低于 51% 的规定。

不允许外资 100% 持股的行业（负面清单）：石油勘探和生产；调查、安全、军事（包括制造军用武器、爆炸物、服装和装备）；银行和金融活动；保险；朝觐服务；特定征召活动；水电供应；渔业和相关服务；邮政、电信和其他视听服务；道路和航空运输；印刷和出版；商业代理；医疗零售（包括药房）；血库、检疫和毒液/毒物库。其余不包括在正负清单内的行业，在地方政府的要求或外商直接投资委员会的建议下，阿联酋政府可以批准外资进入。

独联体国家

俄罗斯： 据中国海关统计，2018年，中俄贸易额1070.6亿美元，同比增长27.1%，其中，中国对俄罗斯出口479.8亿美元，同比增长12%；中国自俄罗斯进口590.8亿美元，同比增长42.7%。

中国对俄罗斯出口商品主要类别包括机械器具及零件，电气设备及零件，皮毛、人造皮毛及制品，服装及衣着附件，鞋靴、护腿及其零件，车辆及其零附件，塑料及其制品，钢铁制品，光学、照相、医疗等设备及其附件，玩具、运动制品及附件，家具灯具等。中国从俄罗斯进口商品主要类别包括矿物燃料、矿物油及其产品，木材、木浆及木制品，水产，镍及其制品，矿砂、矿渣及矿灰等。

【鼓励的行业】俄罗斯政府鼓励外商直接投资领域大多是传统产业，如石油、天然气、煤炭、木材加工、建材、建筑、交通和通讯设备、食品加工、纺织、汽车制造等行业。

【禁止的行业】俄罗斯禁止外资投资经营赌博业、人寿保险业；禁止外资银行设立分行；禁止外国保险公司参与其强制保险方案。

乌克兰： 据中国海关统计，2018年，中乌双边贸易额96.7亿美元，同比增长31.1%。目前在乌实际经营的中资企业主要集中在通讯、电子产品、农业、加工业、机械行业、制造业等领域。乌克兰主要贸易伙伴是欧盟国家。2018年，俄罗斯仍然是乌克兰最大的贸易伙伴国。

乌克兰国内资源和产业结构决定了其进出口商品结构较为单一，出口商品主要以黑色金属、粮食作物和化工产品为主；进口商品以石油天然气等能源产品为主。上述结构特点决定了其经济发展易受国际能源和原材料市场行情以及其主要能源供给国的制约。

乌克兰对外国投资者采取国民待遇原则，提供与国内投资者平等的条件。国民待遇是指外国投资者拥有不少于乌克兰本国企业的权利和义务。根据乌克兰法律针对外国投资确定的国民待遇原则，凡未被乌克兰法律直接禁止的行业，外资均可以进行投资。

中东欧国家

波兰：波兰是中东欧地区吸收外国直接投资最多的国家，其中50%以上为其加入欧盟后所吸收。2018年，德国仍是波兰最大贸易伙伴、最大出口市场和最大进口来源国。中国是波兰第21大出口市场和第二大进口来源国。

2017年，波兰进口商品主要有：机械及运输设备、化学品及相关产品、食品及活体动物、车辆及其零附件、矿物燃料、烟草和饮料。出口商品主要有：机械及运输设备、车辆及其零附件、化学品及相关产品、矿物燃料、食品及活体动物、烟草和饮料。

2016年波兰实施《负责任的发展计划》，将电动汽车、无人机、生物医药、服务外包、造船业、大数据分析、研发创新等领域作为招商引资重点。欢迎绿地投资，鼓励在欠发达的东部地区投资。

根据《经济活动自由法》，欧洲经济区内外的外国企业，都能够在波兰从事经营活动，并与波兰公民享有同样的权利，没有明确禁止外国人经营的行业和领域。

捷克：捷克主要出口商品包括车辆、机械设备、电子产品、化工医药产品等；进口商品主要包括机械产品、电子产品、电信设备、通用机械、石油及其产品、轻工产品、食品等。

据中国海关统计，2018年中捷贸易额达163.1亿美元，同比增长30.6%，捷克是中国在中东欧的第二大贸易伙伴。

捷克禁止外资投资的行业：涉及化学武器和危险化学物质的行业。

【限制投资的行业】军用产品工业、核燃料（铀）开采工业、对环境危害严重的行业（如高耗能、高污染的焦炼和化工生产项目）、资源开采行业。

【鼓励投资的行业】目前，捷克经济发展重点是加速经济结构优化和调整，鼓励经济创新与发展。与此相适应，捷克政府确立了重点支持的投资领域和优先发展行业。重点支持领域主要包括制造业、技术中心和商业支持服务中心。

保加利亚：据中国海关统计，2018 年中国与保加利亚进出口贸易总额 25.9 亿美元，同比增加 21.4%。

贱金属及其制品是保加利亚对中国出口的主力产品，其中最主要的出口产品是铜及其制品。保加利亚玫瑰产品、酸奶、葡萄酒和其他优质产品在中国市场也日益受到消费者的青睐。保加利亚自中国进口的主要商品为机电产品、贱金属及其制品和家具玩具，在这些商品上，德国、意大利、土耳其等国是中国的主要竞争对手。

保加利亚提出在制造业、可再生能源、信息产业、研发、教育以及医疗 6 个行业投资的外国公司将得到优惠政策的支持，同时取消了对钢铁、船舶、化纤制造行业的外商投资优惠政策。2008 年，保加利亚投资署推出 8 个重点吸引外资行业：电气电子、机械加工、化工、食品及饮料加工、非金属采矿、医药行业、再生能源、ICT 及服务外包。

后　记

站在世界百年未有之大变局的历史关口，站在两个五年规划交汇的新时代，在实现中华民族伟大复兴的进程中，形成以“以国内大循环为主体，国内国际双循环相互促进的新发展格局”是习近平总书记提出的全新命题，也是作为世界第二大经济体的中国审时度势给出的坚定答案，这样的发展理念创新和改革突破将引领中国经济乘风破浪、行稳致远。

“双循环”新发展格局有怎样的战略深意？虽然现在新发展格局已经成为时代关键词，但对其精髓要义仍需要进一步加深认识，统一思想。“内循环”是以满足国内人民美好生活需求为出发点和落脚点，以国内分工体系和产业体系为支撑，以“外循环”为补充，以生产、分配、流通、消费为载体的动态发展体系，新时代的内循环体系在本质上也是开放的，并随着世界经济格局、产业发展规律的变化而对开放提出了更高的要求。

在新发展格局引发国内外舆论高度关注的同时，也有一些人对其做出了割裂和片面的解读，将其误读为“经济内部循环”“关起门来自给自足”等，但需清楚，以国内大循环为主体，绝不是关起门来封闭运行，而是通过发挥内需潜力，使国内市场和国际市场更好联通，更好利用国际国内两个市场、两种资源，实现更加强劲可持续的发展。中国开放的大门不会关闭，只会越开越大。

随着国内统一大市场与国内要素自由流动的实现，在未来五至十年，国内有望形成新一轮的区域经济一体化。围绕新一轮区域经济一体化而形成的都市圈与城市群建设，将会成为下一轮中国经济发展的新增长极。

如今，中国的对外开放正处于重要关口。中美贸易摩擦仍在斡旋，全球地缘政治噪音不断，都为行驶在快车道的中国设置了重重路障。经济全球化能否在不远的将来重回发展轨道，很大程度上取决于各国的努力，包括中国改革开放的坚持和深入，美国孤立和强硬政策的改变，欧洲国家经济的复苏，以及国际组织包括 WTO 作用的发挥。

在“双循环”的新格局下，中国高水平开放的扩大离不开金融与资本的引领作用。金融和资本市场开放将作为重要纽带，未来中国“内循环”有望构筑与全球“外循环”的新型良性互动模式。

在引进来和走出去并举的过程中，中国企业得以直接与国外成熟企业进行模仿学习、思痛升级、创新竞争，并最终以自主品牌走向国际市场经受检验。如今我们身处并不乐观的国际贸易环境与逆全球化思潮中，但全球化趋势不可逆转，我们依然要积极推动外循环，中国企业更要向国外优秀的企业学习先进的技术、经验、模式，以更开放的姿态进行全球布局。

本书深入聚焦与解构“双循环”新发展格局的核心所在，邀请了多位经济领域内的权威专家学者与《中国经济评论》杂志采编团队共同撰写了这本思想性深远、可读性较高的《论局 --- 双循环的机遇与前景》，通过对这一科学决策与指导思想的分析和解读，探寻中国未来发展的正确道路与方向。相信这本书会成为学者、教师、学生等所有关注国家经济大势读者的案头珍品。书中若有不妥之处，编者敬请不吝赐教。

编者在此要重点感谢以下为本书付梓贡献了不可或缺的智慧的经济学家与学者，他们分别是：

中国人民大学副校长、中国人民大学中国特色社会主义政治经济学中心执行主任刘元春，北京大学汇丰商学院院长海闻；清华大学中国经济思想与实践研究院院长李稻葵，原国务院国资委宏观战略部部长、宏观经济学家赵晓；中国社会科学院学部委员余永定，上海市通力律师事务所杨迅、吴晓雨；对外经济贸易大学海南研究院院长崔凡，东方证券首席经济学家邵宇和东方证券博士后齐鲁骏；远川研究所董世敏、陈帅和刘芮。

翻开本书，您会先后看到上述优秀学者们对于“双循环”的洞见，以及他们在各自擅长研究领域中的建树。